Rafael Uliano

Convalidação do Matrimônio e a Sanação na raiz

Rafael Uliano

Convalidação do Matrimônio e a Sanação na raiz

Incidências na vida do casal

CREDO EDICIONES

Imprint

Cover image: www.ingimage.com

Publisher:
CREDO EDICIONES
ist ein Imprint der / is a trademark of
International Book Market Service Ltd., member of OmniScriptum Publishing Group
17 Meldrum Street, Beau Bassin 71504, Mauritius

Printed at: see last page
ISBN: 978-613-1-43646-8

Rafael Uliano

Nulidade Matrimonial e Sanação na Raiz

Aos meus pais Adelmo e Valéria Oenning Uliano, com quem aprendi desde cedo, no lar, o grandiosíssimo valor do matrimônio.

AGRADECIMENTOS

A Deus pelo chamado à vida e presença constante em toda a caminhada.

A meus pais, que com Deus colaboraram do projeto criador.

À Diocese de Tubarão, na pessoa de Dom João Francisco Salm, recentemente nomeado bispo de Tubarão e a Dom Hilário Moser, bispo emérito de Tubarão, pela amizade, pelo acompanhamento durante estes doze anos de intensa atividade formativa.

Ao Prof. Dr. Pe. Tarcísio Pedro Vieira pela eficaz orientação no desenvolvimento deste trabalho, sua dedicação, sensibilidade e incentivo na ciência canônica.

Aos colegas, professores e funcionários do ITESC (Instituto Teológico de Santa Catarina) e do SETT (Seminário Teológico de Tubarão), com os quais convivi intensamente durante os quatros anos do curso de Teologia.

Aos padres Ademir Eing, Evaristo Debiasi e Pedro Paulo das Neves, que foram meus formadores no SETT, pela preocupação, empenho e colaboração no itinerário formativo.

Ao Pe. Antônio Nicolau Hemkemeier, que me incentivou para o ingresso no seminário; cheguei até aqui porque, um dia, Deus se serviu deste homem para chamar-me ao discernimento vocacional e à opção pelo sacerdócio.

Aos padres Lenoir Steiner Becker e José Livinos Jochen pároco e vigário paroquial de Braço do Norte, respectivamente, pela constante acolhida, incentivo e pelas orações.

Aos padres Carlos Henrique Machado Fernandes, Bantu Mendonça Katchipwi Sayla e Domingos Dorigon, por tudo aquilo que me ensinaram durante os anos de estágio pastoral, no período dos estudos teológicos, nas paróquias de São Francisco de Assis, em Tubarão, e de São Lugero, na cidade do mesmo nome.

A todos que fazem parte de minha vida e me ajudaram a chegar até aqui, muito obrigado.

"O matrimônio se fundamenta, enquanto união do amor fiel e indissolúvel, na graça que vem do Deus Uno e Trino, que em Cristo nos amou com um amor fiel até a Cruz. Hoje somos capazes de compreender toda a verdade desta afirmação, em contraste com a dolorosa realidade de muitos matrimônios que, infelizmente, acabam mal. Há uma clara correspondência entre a crise da fé e a crise do matrimônio. E, como a Igreja afirma e testemunha há muito tempo, o matrimônio é chamado a ser não apenas objeto, mas o sujeito da nova evangelização" (BENTO XVI na abertura do Sínodo sobre a Nova Evangelização em 07/10/2012).

RESUMO

Este estudo consta de uma introdução, três capítulos e uma conclusão. A introdução apresenta o tema, os objetivos e as delimitações do texto. O primeiro capítulo trata do matrimônio nulo. O segundo capítulo apresenta a solução jurídica para reparar um matrimônio nulo através da convalidação. O terceiro capítulo estuda o dispositivo jurídico da sanação na raiz. A conclusão arremata todo o trabalho evidenciando a importância da convalidação especial, também tida como extraordinária, de um matrimônio nulo, por meio da *sanatio in radice*. Ali se conclui também que, em certos casos, seria conveniente recorrer a esse expediente para sanar automaticamente um matrimônio nulo.

Palavras-chave: matrimônio, nulidade, convalidação, sanação na raiz.

RIASSUNTO

Questo studio si compone di un'introduzione, tre capitoli ed una conclusione. L'introduzione presenta il tema, gli obietivi ed i limiti del lavoro. Il capitolo primo tratta della nullità di un matrimonio. Il secondo studia la soluzione giuridica per mezzo della convalidazione nel caso di un matrimonio nullo. Il terzo si occupa del dispositivo giuridico della *sanatio in radice*. La conclusione riassume il tutto mettendo in risalto l'importanza della convalidazione specifica, detta anche straordinaria, per mezzo della *sanatio in radice* di um matrimonio nullo. La conclusione proppone che, in alcuni casi, converrebbe ricorrere ad una *sanatio* automatica di un matrimonio nullo.

Parole-chiave: matrimonio, nullità, convalidazione, *sanatio in radice*

SIGLAS

- AAS - *Acta Apostolicae Sedis*
- CIC - *Corpus Iuris Canonici*
- CCEO - *Codex Canonum Ecclesiarum Orientalium*
- n. - número
- c. – canon
- cc. – cânones
- cf. – conforme
- art. - artigo
- Gn – Gênesis
- p. página
- pp. páginas
- LG – *Lumen Gentium*
- CNBB – Conferência Nacional dos Bispos do Brasil

SUMÁRIO

INTRODUÇÃO

As diversas circunstâncias pessoais e também as que incidem na vida do casal, algumas vezes, acabam por provocar matrimônios que não perduram. Muitos deles são posteriormente declarados nulos pela Igreja, apesar de grande parte dos católicos ainda não estar ciente deste dispositivo jurídico à sua disposição.

Diante do crescente número de casos de nulidade matrimonial, pode-se dizer que as causas são diversas e estão subdivididas em três grupos: impedimentos, consentimento viciado e falta de forma canônica. Deles se ocupa o primeiro capítulo, com o objetivo de aprofundar os casos que resultam em nulidade, passíveis, dessa forma, de declaração de nulidade matrimonial por parte do Tribunal Eclesiástico competente.

Tendo em vista a questão da possibilidade de um matrimônio nulo, no capítulo segundo se apresentará a possibilidade de convalidação do matrimônio, com a finalidade de fazer saber que, quando um dos cônjuges reconhece ou acredita que o seu matrimônio foi inválido, pode escolher entre convalidá-lo ou advogar a declaração de nulidade do mesmo perante o Tribunal Eclesiástico competente. Por sua vez, para a convalidação, existem dois procedimentos que aqui estudamos: a) o ordinário da convalidação simples *(convalidatio simplex),* que trata do ato mediante o qual o matrimônio inválido se torna válido pela renovação do consentimento, sem retroação dos seus efeitos jurídicos; b) o extraordinário da sanação na raiz *(sanatio in radice),* que é a convalidação especial de um matrimônio nulo, a qual traz consigo a dispensa do impedimento e também da forma canônica, assim como da obrigação de renovar o consentimento, e ainda a retroação dos efeitos canônicos ao passado, concedida pela autoridade competente.

No terceiro e último capítulo se apresentará mais especificamente o dispositivo jurídico da sanação na raiz, com o objetivo de demonstrar a confirmação da especial relevância do consentimento enquanto causa eficiente do vínculo e a importância que o direito natural conserva no sistema canônico. Com esse intuito, estudaremos diversas fontes de interpretação acerca do dispositivo em questão na atual legislação canônica, bem como ofereceremos, em alguns casos, indicações comparativas com a legislação anterior.

1 MATRIMÔNIO NULO

Embora, por desconhecimento ou por puro preconceito, muitos ainda duvidem, a normativa jurídico-canônica existe com nítido objetivo pastoral. Se no *Corpus Iuris Canonici* existisse apenas uma disposição que não fosse pastoral, já não seria Direito Canônico. O c. 1752 do *CIC* ressalta a importância de se ter "diante dos olhos a salvação das almas que, na Igreja, deve ser sempre a lei suprema". Assim, mesmo as leis eminentemente jurídicas buscam a *salus animarum*, pois desejam unicamente defender a comunhão eclesial contra aqueles que a perturbaram, buscando, como o Pai misericordioso e a mãe Igreja, fazê-los retornar à casa onde foram gerados para a condição de filiação divina.

Deixando-se guiar por esse "espírito", neste texto quer-se abordar algumas questões de nulidade matrimonial, tendo sempre em mente, na medida do possível, o bem integral das pessoas envolvidas.

Não se tratando, porém, apenas de caridade pastoral, mas de um Direito do "batizado na Igreja católica ou nela recebido" e das demais prerrogativas outorgadas pelo c. 11, o matrimônio pode ser nulo por três motivos fundamentais: impedimento dirimente, vício do consentimento e falta de forma canônica.

1.1 OS IMPEDIMENTOS DIRIMENTES

1.1.1 Em geral

1.1.1.1 Matrimônio como direito natural

Antes de abordar os motivos fundamentais que levam à nulidade matrimonial, faz-se importante esclarecer que fundamentado no instinto natural em relação à união entre os dois sexos, bem como na declaração explícita do Criador "... sejam fecundos, multipliquem-se, encham e submetam a terra..." (Gn 1,28), "por isso, um homem deixa seu pai e sua mãe, e se une à sua mulher, e eles dois se tornam uma só carne" (Gn 2,24), encontra-se o direito, do homem e da mulher, de contrair matrimônio livremente, entre si. Esse direito é reconhecido, de modo explícito, no c. 1058: "podem contrair matrimônio todos os que não são proibidos pelo direito".

A partir disso, nenhuma autoridade humana pode privar, de modo perpétuo e absoluto, uma pessoa, contra a sua vontade, desse direito natural. Entretanto, o bem comum pode justificar o estabelecimento de impedimentos *relativos* de direito positivo e também de impedimentos de ordem *absoluta,* como no caso da ordem sagrada ou da profissão perpétua.

1.1.1.2 Para entender o que é impedimento matrimonial

Definem-se os impedimentos matrimoniais como *circunstâncias, relativas às pessoas, que, por lei divina ou humana (eclesiástica), constituem um obstáculo para a válida celebração do matrimônio,* ou seja, certa restrição da capacidade primária para o matrimônio (SALVADOR, 1993, p. 378), uma lei inabilitante.

Aqui, por "obstáculo", juridicamente falando, entende-se uma proibição legal, dado que, conforme foi acenado anteriormente, os impedimentos são estabelecidos por lei natural ou positiva, ressaltando-se o conteúdo do c. 1076: "é reprovado o costume que introduza algum impedimento novo ou que seja contrário aos impedimentos existentes".

Para HORTAL, 2006, a proibição legal se apoia numa circunstância objetiva. Daí que o seu surgimento e a sua cessação fazem-se independentes do conhecimento ou ignorância dos nubentes. Dessa forma, a dispensa, nos casos em que ela se faz possível, poderia ser dada inclusive contra a vontade das partes. Também as circunstâncias objetivas que justificam a proibição legal devem ser de caráter pessoal, quer dizer, devem afetar diretamente pelo menos uma das pessoas que pretendem contrair o matrimônio.

Por fim, o *CIC* não apresenta uma definição legal de impedimento. A respeito do impedimento "dirimente[1]", porém, o c. 1073 diz que "torna a pessoa inábil para contrair validamente o matrimônio".

1.1.1.3 Esquematização e explicitação dos impedimentos

1. Em razão dos seus efeitos (1917)	Impedientes (liceidade)
Impedimentos matrimoniais (1983) →	Dirimentes (inabilitante/validade)
2. Em razão da sua origem	Impedimento divino (natural/indispensável)
	Impedimento eclesiástico (positivo/humano/dispensável)
3. Em razão da sua extensão	Absoluto
	Relativo

1 (cf. HOUAISS, 2009): que impede ou anula de modo irremediável o matrimônio realizado.

4. Em razão da sua duração	Temporário	
	Perpétuo	
5. Em razão do seu conhecimento	Público	No que diz respeito à possibilidade da prova legal.
	Oculto	

1) Em razão dos seus efeitos, o Código de 1917 dividia os impedimentos em *impedientes* (tornavam a celebração do matrimônio ilícita, mas não nula) e *dirimentes* (ao inabilitar as pessoas para o casamento, acabam por tornar nula a sua celebração). Porém, a comissão de reforma do Código, que inicialmente trocou o nome de impedientes para *proibientes*, decidiu, por fim, suprimir esse tipo de impedimento, por considerar que carecia de relevância jurídica, conservando o nome de *dirimentes*[2]. Para HORTAL, 2006, p. 70:

> o lógico teria sido então falar pura e simplesmente de 'impedimentos matrimoniais', sem a necessidade de nenhum qualificativo, já que agora existe um único tipo: o dos antigos impedimentos dirimentes, que tornam nulo o matrimônio contraído em sua vigência.

2) *Em razão de sua origem*, os impedimentos podem ser de *direito divino* ou de *direito eclesiástico*[3], que, grosso modo, coincidem quase por completo com a classificação de impedimentos *dispensáveis* e *não-dispensáveis,* tendo em vista que, em princípio, todos os impedimentos de direito eclesiástico são dispensáveis, embora em algum caso (como no da ordem episcopal) a Igreja não costuma dispensar nunca.

3) *Em razão da sua extensão,* os impedimentos apresentam-se como:

a) Absolutos, se a circunstância objetiva em que se baseiam é de tal forma inerente à pessoa que a incapacita para contrair matrimônio com qualquer outra.

b) Relativos, se a circunstância objetiva se baseia na relação especial que a pessoa afetada tem com uma ou algumas outras pessoas. Por isso, a

---

[2] Deve-se evitar uma possível confusão, dado que os autores de Direito civil brasileiro costumam chamar de impedientes os impedimentos que tornam anulável o casamento; e de dirimentes aqueles que o tornam nulo. Se no Direito Canônico assim fosse, não se poderiam aplicar tais termos, haja vista que não existe o conceito matrimônio anulável.

[3] A simplificação, em português, do termo "direito eclesiástico" ao se referir ao *direito eclesiástico do Estado*, não deve implicar em equivocidade no tocante ao *direito eclesiástico* posto em oposição ao *direito divino* – objeto de estudo no momento.

proibição só tem sentido em relação a essas pessoas, ficando de pé a capacidade de contrair matrimônio com outras.

4) *Em razão da sua duração*, os impedimentos são catalogados como:

a) *Temporários*, se a circunstância sobre o qual se baseiam possa desaparecer com o transcurso do tempo.

b) *Perpétuos*, se a circunstância sobre o qual se baseiam não desaparecer com o transcurso do tempo.

5) *Em razão do seu conhecimento*, os impedimentos poderão ser (cf. c. 1074):

a) *Públicos*, no caso de poderem ser provados no foro externo, ou no caso de o *fato* do qual provêm os impedimentos serem públicos.

b) *Ocultos*, os impedimentos que não podem ser provados no foro externo e também não for divulgado de fato.

Assim, o que conta nesta classificação não é o fato do conhecimento ou divulgação real do impedimento, mas a possibilidade da prova legal. Trata-se daquilo que se chama publicidade de direito.

1.1.1.4 Autoridade competente para estabelecer ou derrogar impedimentos

Conforme já explicitado anteriormente, nenhuma autoridade humana pode estabelecer impedimentos para a uma pessoa, privando-a daquilo que é de direito divino. Contudo, a Igreja, tendo em vista a missão que Cristo lhe confiou, pode esclarecer e elaborar essa lei divina; donde provem o c. 1075 § 1: "compete exclusivamente à autoridade suprema da Igreja declarar autenticamente em que casos o direito divino proíbe ou dirime o matrimônio".

Na Constituição Dogmática LG, capítulo III, explicita-se o termo "suprema autoridade eclesiástica", que deve ser entendida não como restrita somente ao Papa, mas também como confiada a todo Colégio Episcopal em união com o Papa.

De fato, o c. 1075 § 2 afirma: "é também direito exclusivo da autoridade suprema estabelecer outros impedimentos para os batizados". Neste caso, porém, segundo HORTAL, 2006, p. 72, não se trata de uma abertura à lei particular (num território determinado, possibilitando a cada bispo a possibilidade de estabelecer impedimentos), pois "o mais provável é que [...] se estabeleça uma 'reserva pontífícia' [...]." E mais, não se trata de contradição na possibilidade de os bispos estabelecerem impedimentos para seus respectivos territórios, haja vista que os Ordinários locais, podem estabelecer simples proibições temporais, sem cláusula irritante, por justa causa, enquanto esta durar (cf. c. 1077). De modo indireto, os Ordinários locais "poderiam também proibir um matrimônio, ao proibir aos sacerdotes da sua diocese a assistência a um casamento determinado" HORTAL, 2006, p. 72.

Parece ser plausível que a autoridade competente para derrogar os impedimentos matrimoniais é aquela que os decretou, ou seu sucessor, delegado ou superior.

1.1.1.5 Cessação e dispensa dos impedimentos

Os impedimentos e proibições legais podem cessar ou por derrogação da lei (em âmbito geral) ou por dispensa (para os casos particulares). Segundo o c. 85, a dispensa é a:

> relaxação de uma lei meramente eclesiástica num caso particular, pode ser concedida pelos que têm poder executivo, dentro dos limites de sua competência e também por aqueles aos quais compete, explícita ou implicitamente, o poder de dispensar pelo próprio direito ou por legítima delegação.

Nos casos de impedimentos matrimoniais, essas são as autoridades competentes:

a) *A Santa Sé* (quer dizer, o Papa pessoalmente ou mediante delegação) pode dispensar de todos os impedimentos de direito eclesiástico. Vale salientar que os impedimentos de impotência e vínculo, são de direito divino, portanto, nenhuma autoridade humana pode dispensar.
b) *Os bispos diocesanos* e todos aqueles que a eles se equiparam (Ordinário local) podem dispensar, cf. c. 1078 § 1: "os seus súditos, onde quer que se encontrem, e todos os que se acham no seu território, de todos os impedimentos de direito eclesiástico, exceto aqueles cuja dispensa se reserva à Sé Apostólica".
   Os impedimentos cuja dispensa se reserva à Sé Apostólica, segundo o § 2 deste mesmo cânon são: "o impedimento proveniente de ordens sagradas ou do voto público perpétuo de castidade num instituto religioso de direito pontifício e o impedimento de crime mencionado no c. 1090." Entretanto, segundo o § 3 "nunca se dá dispensa do impedimento de consanguinidade em linha reta ou no segundo grau da linha colateral". [4]

---

[4] Com uma única exceção conhecida, concedida pelo Papa Paulo VI, em 1977 na Inglaterra, cf. nota de rodapé n. 8.

c) *Em caso de perigo de morte*, o Ordinário local pode dispensar também do impedimento que deriva da ordem sagrada do diaconado (não do impedimento proveniente da sagrada ordem do presbiterato e episcopado), do voto público perpétuo de castidade num instituto religioso e do impedimento de crime. Pode também dispensar da forma canônica do matrimônio. Essas faculdades se estendem aos seus súditos onde quer que se encontrem, e a todos os que se achem no seu território (cf. c. 1079 § 1).

d) *Fora do perigo de morte*, mas em *caso perplexo* (nos casos ocultos[5] cf. cc. 1079 § 2 e 1080 § 1), quando tudo já está preparado para as núpcias e o matrimônio não pode ser adiado sem provável perigo de grave mal, até que se obtenha a dispensa da autoridade competente, o Ordinário local tem o poder de dispensar de todos os impedimentos, exceto do da ordem sagrada e do voto público perpétuo num instituto religioso de direito pontifício (cf. c. 1080 § 1). Segundo HORTAL, 2006, p. 75 "'estar tudo preparado para o casamento' significa terem sido cumpridas todas as formalidades prévias, ou seja, ter sido instruído, com resultado aparentemente positivo, o processo de habilitação matrimonial. Não se trata de estar preparada a festa ou de os convites já terem sido distribuídos".

e) As mesmas faculdades para os casos de *perigo de morte* e *fora do perigo de morte* são atribuídas ao pároco, ao ministro sagrado (bispo, padre ou diácono) e ao sacerdote ou diácono que assiste ao matrimônio no caso da dita forma extraordinária do c. 1116 § 2, quer em perigo de morte, quer fora dele, e não se pode recorrer ao Ordinário local.

f) *O confessor,* tanto no perigo de morte como no caso perplexo, goza das mesmas faculdades do pároco, mas só para dispensar "no foro interno, dos impedimentos ocultos, dentro ou fora do ato da confissão sacramental"(c. 1079 § 3; cf. c. 1080 § 1).

Processualmente, todos os pedidos de dispensa, mesmo aqueles reservados à Santa Sé, são endereçados à Cúria diocesana, que se encarregará de dar-lhes o devido curso.

---

[5] Caso oculto, segundo HORTAL, 2006, p. 75 "é não somente aquele em que o impedimento é oculto pela própria natureza (que não se pode provar no foro externo), mas também aquele em que o impedimento não for divulgado de fato.

1.1.2 Em especial ou particular

Os cc. 1083-1094 regulam os impedimentos em particular. Em relação à legislação anterior, não há grandes novidades; destacam-se, porém, a exclusão do impedimento de parentesco espiritual e a mudança de alguns dos impedimentos.

1.1.2.1 Impedimento de idade (c. 1083)

Tem por finalidade principal determinar a partir de que idade a pessoa pode exercer seu direito de contrair matrimônio, ao considerar o homem e a mulher, maduros psicologicamente, permitindo-lhes assim a compreensão das obrigações que assumem. O amadurecimento fisiológico, em si, não é necessário para dar um verdadeiro consentimento, embora o seja para o início de uma convivência matrimonial autêntica. No c. 1083 (de direito eclesiástico) diz que "o homem antes dos dezesseis anos completos e a mulher antes dos catorze também completos não podem contrair matrimônio válido". A CNBB determinou que para liceidade do matrimônio, exceto caso de urgente e estrita necessidade, o homem deva ter dezoito anos e a mulher dezesseis completos.

O impedimento de idade é temporário pela sua própria natureza, cessando pelo simples transcurso do tempo. Pode cessar também pela dispensa do Ordinário local. Além disso, é preciso constar que na pessoa a ser dispensada existe o amadurecimento psicológico mínimo necessário para compreender a substância do matrimônio, pois esse é um requisito de direito natural (HORTAL, 2006).

No direito civil brasileiro, onde a idade mínima para casar é a de dezoito anos para o homem e dezesseis para a mulher, o impedimento de idade cessa quando o casamento é necessário "para evitar a imposição ou o cumprimento de pena criminal" (art. 213) ou quando do casamento realizado com impedimento já resultou gravidez (art. 215).

1.1.2.2 Impedimento de impotência (c. 1084)

O § 1 do c. 1084 dá a noção e apresenta a natureza do impedimento quando afirma: "a impotência para copular, antecedente e perpétua, absoluta ou relativa, por parte do homem ou da mulher, dirime o matrimônio por sua própria natureza".

Entretanto, não apresenta uma definição de impotência. O atual Código, mais claro que o antigo, acrescentou a palavra *coeundi* como qualificativo da impotência. *Coeundi* (da mesma raiz que a palavra portuguesa *coito*) é um gerúndio do verbo *coire*, que significa a ação de copular ou unir-se sexualmente. A impotência *generandi* ou esterilidade é irrelevante, como diz o citado c. 1084 § 3: "a esterilidade não proíbe nem dirime o matrimônio, salva a prescrição do cân. 1098", relativa a erro doloso. Logo, a impotência enquanto impedimento dirimente é a incapacidade de copular naturalmente (para tal, exigem-se três elementos da doutrina tradicional: ereção, penetração e ejaculação "*in vase naturali*" de qualquer líquido ejaculado). O que se entrega e se aceita no matrimônio é o direito a uma "comunhão de vida" que pela sua própria natureza tende a ser fecunda. O direito à cópula se deriva do direito a essa comunhão de vida e não vice-versa. Por isso, a capacidade de realizar a cópula conjugal é importante, em primeiro lugar, porque através dela os esposos se tornam "uma só carne" (HORTAL, 2006). Destarte, compreende-se, não a mera valorização da genitalidade, mas sim a do tornar-se uma só carne, deixando o caminho aberto para a geração da prole.

Por tratar-se de um impedimento, apresentam-se como irrelevante o conhecimento ou desconhecimento da impotência por ambas as partes antes da celebração do matrimônio. Tal impotência deve ser *antecedente* ao casamento; mesmo que as causas já estivessem presentes, se os efeitos não se apresentaram senão algum tempo depois da celebração, não se pode falar de impedimento de impotência. Deverá ser também *perpétua*, ou seja, que não haja esperança de cura por meios naturais ordinários. Mesmo que houvesse possibilidade de cura mediante um meio extraordinário, como uma cirurgia muito difícil, deve-se dizer que a pessoa é impotente, enquanto não sofrer a intervenção cirúrgica. Caso diferente é o das cirurgias fáceis e ordinárias, como a circuncisão, no caso de fimose aguda ou certos casos de obstrução vaginal que impedem a cópula. Mas nesses casos o indivíduo estaria obrigado a submeter-se à cirurgia em questão.

É irrelevante que a impotência se apresente no homem ou na mulher. Da mesma forma, não importa se ela é absoluta (incapacidade de realizar a cópula sexual com qualquer pessoa) ou relativa (incapacidade só em relação a certas pessoas, ou mais concretamente, em relação ao próprio cônjuge).

Entretanto, quando a impotência é duvidosa, dado que o matrimônio goza do favor do Direito, permanece o direito natural da pessoa a casar; uma vez celebrado o matrimônio, para declará-lo nulo por impedimento de impotência, é necessário provar, com certeza, o fato objetivo.

O§ 2, indica que "se o impedimento de impotência for duvidoso, por dúvida quer de direito quer de fato, não se pode impedir o matrimônio nem, permanecendo a dúvida, declará-lo nulo."

1.1.2.3 Impedimento de vínculo ou de ligame (c. 1085)

Comum a todas as legislações que consideram o matrimônio como monogâmico, entre um homem e uma mulher, consiste na impossibilidade que têm de celebrar validamente o matrimônio os que se encontram unidos por outro matrimônio válido. Funda-se na propriedade essencial da unidade (c. 1056). Os requisitos necessários para que exista este impedimento, segundo GIL *in* Derecho Canónico II: El Derecho en la misión de la Iglesia, 2006 são:

a) Que o primeiro matrimônio seja objetivamente válido e tenha sido celebrado validamente de acordo com a legislação que as partes estejam sujeitas;
b) Que o vínculo matrimonial deve seguir existindo validamente, não havendo desaparecido pela morte de um dos cônjuges (c. 1141), ou havendo sido dissolvido (c. 1142-1150) ou ainda declarado nulo por um Tribunal eclesiástico competente para a questão.

Para a Igreja católica "entre os não batizados, os matrimônios legitimamente contraídos são, na ordem natural, uma coisa sagrada, de modo que os tribunais civis não têm o poder de dissolvê-los, nem mesmo a Igreja, em casos similares, tem reconhecido a validade de sentenças de divórcios" (PIO XII, 1946).

> No caso de dúvida sobre o impedimento de vínculo, aplica-se o princípio geral do favor do direito de que goza o matrimônio. Por isso, uma vez celebrada uma cerimônia com aparência de verdadeiro casamento, ninguém pode proceder à celebração de uma segunda união, enquanto não constar 'legitimamente e com certeza' da nulidade ou dissolução da primeira (c. 1085 § 2), mesmo que o interessado esteja, na sua consciência, plenamente convencido da primeira. A razão deste dispositivo legal é evidente: o matrimônio é um ato não apenas individual, mas social; por isso sua validade ou invalidade deve ter também um caráter social (HORTAL, 2006, p. 87).

Cabe ainda dizer que o Direito civil brasileiro não reconhece, em nenhuma hipótese, a poligamia, que é o vício que se opõe diretamente à unidade do matrimônio.

No ano de 2010, a Nunciatura Apostólica no Brasil, encaminhou a todos os arcebispos e bispos residenciais da CNBB, as Instruções que o Supremo Tribunal da Assinatura Apostólica fez chegar aos Tribunais eclesiásticos do Brasil, concernentes à homologação das sentenças dos Tribunais eclesiásticos para a execução do Art. 12 § 1 do Acordo entre o Brasil e a Santa Sé, que prescreve que a homologação das sentenças eclesiásticas em matéria matrimonial, confirmadas pelo Supremo Tribunal da Assinatura Apostólica, será efetuada nos termos na legislação brasileira sobre a homologação de sentenças estrangeiras.[6]

Por fim, vale observar aquilo que o Papa João Paulo II declarou:

> A Igreja, contudo, reafirma a sua práxis, fundada na Sagrada Escritura, de não admitir à comunhão eucarística os divorciados que contraíram nova união. Não podem ser admitidos, do momento em que o seu estado e condições de vida contradizem objetivamente aquela união de amor entre Cristo e a Igreja, significada e atuada na Eucaristia. Há, além disso, um outro peculiar motivo pastoral: se se admitissem estas pessoas à Eucaristia, os fiéis seriam induzidos em erro e confusão acerca da doutrina da Igreja sobre a indissolubilidade do matrimônio (Exortação Apostólica *Familiaris Consortio*, n. 84).

1.1.2.4 Impedimento de disparidade de culto (c. 1086)

Trata-se do matrimônio entre um católico e um não batizado. Segundo GIL *in* Derecho Canónico II: El Derecho en la misión de la Iglesia, 2006, p. 138:

> o matrimônio é válido, mas não sacramental e não goza, perante a Igreja, do caráter de absoluta indissolubilidade, [...]. É um impedimento de direito eclesiástico cuja dispensa não está reservada a Sé Apostólica: o Ordinário local pode dispensá-lo para que se celebre, seguindo o estabelecido nos cc. 1125-1126, e também pode dispensar da celebração sob forma canônica ordinária, segundo os cc. 1127-1129.

O fundamento desse impedimento está na comunhão íntima de toda a vida, que constitui a essência do matrimônio, que pode ficar dificultada pela separação existente num campo tão fundamental como o da religião. A fé do cônjuge católico encontra um obstáculo ainda maior, no que diz respeito a sua preservação, na convivência com um parceiro não cristão; o mesmo se pode dizer da transmissão da fé aos filhos.

Para efeitos deste impedimento, entende-se por católico aquele que foi batizado na Igreja católica ou, tendo sido batizado validamente numa outra confissão cristã,

[6] Cf. Instrução e modelo de requerimento *in* SOCIEDADE BRASILEIRA DOS CANONISTAS, 2010.

converteu-se posteriormente ao catolicismo. Dizer-se batizado, não comporta apenas o simples rito. Segundo HORTAL, 2006, pp. 89-90, trata-se antes de tudo,

> de intenção: do próprio batizado, se era adulto, ou dos pais, se era ainda criança, pois ao pedir o batismo o normal é que haja intenção de agregação a uma confissão determinada. Daí que se pais ortodoxos, por carecerem de sacerdote próprio, pedissem o batismo solene dos seus filhos a um sacerdote católico, mas com a intenção de que sejam ortodoxos, esses filhos não poderiam ser considerados 'batizados na Igreja católica'.

No caso de se duvidar da validade do batismo da parte não católica, não se faz necessário o pedido de dispensa, embora isso seja muito conveniente e possa ser feito "*ad cautelam*", e o matrimônio deve ser considerado válido, enquanto não constar a certeza da invalidade do batismo. Entretanto, cf. c. 1086 § 3, descoberta a invalidade, não há dúvidas de que seria necessária a revalidação do matrimônio que, consequentemente, foi nulo.

Este impedimento pode cessar, ou pelo batismo da parte não batizada ou pela dispensa concedida pelo Ordinário local. Para que se conceda essa dispensa, exigem-se os mesmos requisitos que são exigidos nos casos de religião mista (promessas do católico, informação do não-católico, causa justa, etc...), caso não sejam verdadeiras, afetam a dispensa e concomitantemente também a validade do matrimônio.

Pastoralmente, em relação à forma canônica e litúrgica dos matrimônios contraídos com dispensa do impedimento de disparidade de cultos,

> [...], valem as indicações acerca dos matrimônios mistos. [...]. Tenha-se, porém, presente que a comunhão nas coisas sagradas com os não cristãos é bem diferente do que com os cristãos e que, por isso, mesmo concedendo dispensa de forma canônica, não se deveria facilitar a presença e atuação do ministro católico e do não católico na mesma cerimônia (HORTAL, 2006, p. 91).

1.1.2.5 Impedimento de ordem sagrada (c. 1087)

Foi estabelecido como impedimento dirimente matrimonial na Igreja católica latina a partir do II Concílio Lateranense (1139), fixando-se o processo da implantação obrigatória do celibato entre os clérigos de ordens maiores, por diferentes motivos. O impedimento consiste na impossibilidade para contrair matrimônio por parte de quem recebeu o sacramento da ordem.

Esse impedimento pressupõe o celibato estabelecido como obrigação e nela se baseia, por diferentes motivos, para os clérigos da Igreja católica (cc. 277; 1031 § 2; 1037). Dois requisitos básicos configuram este impedimento, conforme destaca GIL *in* Derecho Canónico II: El Derecho en la misión de la Iglesia, 2006, p. 140:

> a) a ordenação recebida tem que ser válida (cc. 1012 e 1024-1052), ou melhor, ter sido recebida e conferida por pessoas capazes e com a devida intenção, usando a matéria e a forma estabelecidas; e, b) seu alcance são as ordens compreendidas no c. 1009 § 1: o episcopado, o presbiterado e o diaconado; logicamente estão excluídos do impedimento os homens que, estando casados, são ordenados diáconos permanentes (c. 1031 § 2).

Entretanto, os diáconos que ficam viúvos são afetados por este impedimento, apesar de que não prometeram o celibato em sua ordenação diaconal e que a Igreja os aceitou como casados. Mas, como desejam casar novamente, devem solicitar dispensa deste impedimento.

Trata-se de um impedimento de direito eclesiástico cuja dispensa está reservada a Sé Apostólica nas situações ordinárias (c. 1078 §2 1º). O Ordinário do lugar pode dispensar unicamente do impedimento proveniente da ordem do diaconado nas situações de perigo de morte (c. 1079 § 1), assim como o ministro sagrado que assiste o matrimônio (c.1079 § 2) e o confessor, com as condições estabelecidas nos cânones elencados.

A Congregação para o Culto Divino e a Disciplina dos Sacramentos, em carta datada de 6 de junho de 1997, estabeleceu novas normas para a dispensa das obrigações vinculadas a ordenação sacerdotal e diaconal em três casos especiais:

a) Sacerdotes com menos de quarenta anos: devem existir motivos particulares e excepcionais para se examinar as petições, tais como situação fisico-psicológica especial, prévia e concomitante à ordenação do solicitante;
b) Sacerdotes que estejam em perigo de morte, qualquer que seja sua idade e que tenham contraído uma união civil que pode ser convalidada. Neste caso, os ordinários devem apresentar a solicitação da dispensa quanto antes, acompanhada de seu próprio voto, não se requerendo o processo informativo regular.
c) Diáconos permanentes que tenham ficado viúvos e que desejam contrair novo matrimônio: é suficiente que se constate uma das três condições seguintes para obter a dispensa do impedimento, isto é, a grande utilidade do ministério exercido pelo diácono em favor da diocese, ou a presença de filhos jovens que necessitam

de uma madrasta, ou a presença de pais ou sogros que tenham necessidade de cuidados.

A perda do estado clerical por invalidade ou nulidade da ordenação (c. 290, 1º), traz consigo a dispensa da obrigação do celibato e do impedimento de ordem sagrada (c. 1712). Entretanto, quando perde o estado clerical por pena de demissão legitimamente irrogada (c. 290, 2º), aquele que a perdeu, não leva consigo a dispensa da obrigação do celibato, que deve ser concedida expressamente pelo Romano Pontífice (c. 291).

Ainda mais, o c. 1394 § 1 penaliza

> o clérigo que tenta matrimônio, mesmo só civilmente, incorrendo em suspensão *latae sententiae*; e se, admoestado, não se recuperar e persistir em dar escândalo, pode ser gradativamente punido com privações ou até mesmo com a demissão do estado clerical.

Por fim, tem relação com este impedimento os cc. 1041, 3º; 1044 e 1047 que tratam da ordenação de homens casados e da conseguinte suspensão do exercício da ordem recebido.

1.1.2.6 Impedimento de profissão religiosa (c. 1088)

É muito semelhante ao impedimento anterior, inclusive possui história pararela ao impedimento anterior: tem seu fundamento na obrigação contraída pelo religioso de observar a castidade. "Como é natural, para que surja o impedimento de profissão religiosa, é necessário que essa profissão reúna todos os requisitos para a validade, de acordo com a legislação geral da Igreja e com a particular do instituto religioso de que se trata" (HORTAL, 2006, p. 94).

Não estão sujeitos a este impedimento de duplo aspecto, os eremitas (c. 603), a ordem das virgens (c. 604), os membros de institutos seculares (c. 710-730) e das sociedades de vida apostólica (c. 731-746). "Enquanto lei dirimente do matrimônio é de direito eclesiástico, mas enquanto lei proibiente é de direito divino" (HORTAL, 2006, pp. 94-95).

A dispensa para tal impedimento está regulamentada da seguinte forma: em se tratando de voto público perpétuo de castidade, emitido em um instituto religioso de direito pontifício, em situações ordinárias sua dispensa está reservada a Sé Apostólica

(c. 1078 § 2, 1º), entretanto, em perigo de morte esse impedimento pode ser dispensado pelo Ordinário do lugar, pelo ministro sagrado que assiste o matrimônio e o confessor (c. 1079 com as condições descritas). Nos institutos religiosos de direito diocesano, o bispo diocesano do lugar onde se encontra a casa de adscrição, pode dispensar os religiosos (c. 691 § 2; 692).

É necessário também se levar em conta que o c. 1394 § 2 penaliza o religioso de voto perpétuo, não clérigo, que tenta contrair matrimônio, mesmo que só civilmente, incorrendo em interdito *latae sententiae;* e os cc. 694 § 1, 2º e 695 estabelecem a expulsão automática de um instituto religioso do membro que tenha contraído matrimônio, ou o tentado, mesmo que só civilmente, bem como daqueles que vivem em concubinato. Por fim, o c. 643 § 1, 2º determina que não se possa admitir validamente ao noviciado o cônjuge enquanto perdura o matrimônio válido.

1.1.2.7 Impedimento de rapto (c. 1089)

Referindo-se exclusivamente à mulher[7], não importando se ela é maior ou menor de idade, e visando preservar-lhe a liberdade na prestação do consentimento matrimonial, o rapto configura-se como a condução de uma pessoa, mediante o uso da força, medo ou engano, de um lugar a outro, onde permanece sob o poder do raptor, com o intuito de casamento. Equipara-se ao mesmo, a retenção violenta da mulher no lugar onde ela se encontra. Todavia, enquanto subsistir o estado de rapto, não pode haver matrimônio válido entre o raptor (ou mandante do rapto) e a raptada, salvo, se ela, livre e espontaneamente, concordar com esse matrimônio (HORTAL, 2006, pp. 95-96).

Por se tratar de um impedimento eclesiástico, poderia ser dispensado. Na prática, porém, essa dispensa não se concede nunca, pois é mais fácil e prudente deixar que o impedimento cesse pelo fato de o raptor deixar em liberdade a raptada; de mais a mais, o consentimento contraído sob medo ou coação graves e extrínsecos é nulo.

Segundo GIL *in* Derecho Canónico II: El Derecho en la misión de la Iglesia, 2006, p. 142, "o rapto e a retenção podem ser um delito (c. 1397) e um impedimento matrimonial".

---

[7] "É sempre a mulher e nunca o homem, pois se alegou que as leis devem contemplar os acontecimentos mais comuns e não os excepcionais" (GIL *in* Derecho Canónico II: El Derecho en la misión de la Iglesia, 2006, p. 142).

O impedimento de rapto, "também está configurado na legislação civil brasileira (art. 183, X do Código Civil). Mas, diferentemente da legislação canônica, não torna o matrimônio nulo e sim apenas anulável" (*ibid.*, p. 96).

1.1.2.8 Impedimento de crime (c. 1090)

Tal impedimento recebe este nome porque a circunstância que lhe da origem é um crime que tem relação direta com um matrimônio preexistente. De acordo com a legislação atual existem duas figuras do impedimento de crime, expostas no c. 1090:

> § 1. Quem, com o intuito de contrair matrimônio com determinada pessoa, tiver causado a morte do cônjuge desta, ou do próprio cônjuge, tenta invalidamente este matrimônio.
> § 2. Tentam invalidamente o matrimônio entre si também aqueles que, por mútua cooperação física ou moral, causaram a morte do cônjuge. O conjugicídio deve ser verdadeiro, não bastando a tentativa de homicídio que não chegou a produzir a morte. É indiferente que o matador seja quem cometa a ação por si ou por outrem; o mandante é o responsável principal da ação executada.

Adverte-se, porém, em relação ao § 2, que, "à diferença do que estava determinado no Código anterior, agora já não é mais necessário que, nesta segunda figura, os propósitos matrimoniais estejam já presentes no momento de cometer o conjugicídio. Muito menos, que tenha havido adultério entre os dois conjugicidas" (HORTAL, 2006, p. 97).

Este impedimento tem como finalidade a defesa da fidelidade e da vida dos cônjuges; tratando-se de direito eclesiástico, embora de caráter perpétuo, só cessa pela dispensa. Tal dispensa está reservada à Santa Sé (c. 1078 § 2), podendo o Ordinário local, o ministro sagrado e o confessor dispensar em perigo de morte (c. 1079) ou no caso perplexo (c. 1080) com as condições estabelecidas. Entretanto, enquadra-se no caráter relativo, ou seja, incapacita para contrair matrimônio unicamente com a pessoa com a qual já se visava casar, no momento de cometer o conjugicídio, ou com a que colaborou nele.

O Código Civil Brasileiro, no art. 183, também declara que não podem casar, sob pena de nulidade: VII. o cônjuge adúltero com o seu co-réu por tal *condenado;* VII. o cônjuge sobrevivente com o *condenado* como delinquente no homicídio ou tentativa de homicídio, contra seu consorte. A diferença fundamental entre a legislação canônica e a civil é que a primeira considera que o impedimento surge da simples execução do delito, enquanto a segunda o faz depender da condenação judicial do réu (HORTAL, 2006).

1.1.2.9 Impedimento de consanguinidade (c. 1091)

Segundo GIL *in* Derecho Canónico II: El Derecho en la misión de la Iglesia, 2006, p. 144, o impedimento de consanguinidade:

> existe em todas as legislações com diferentes amplitudes e reflete o princípio muito generalizado em todas as culturas da exogamia, isto é, a proibição de contrair matrimônio entre os consanguíneos embasando-se em diferentes motivos ou razões. Funda-se no vínculo natural que resulta de compartilhar o mesmo sangue e consiste na proibição legal de contrair matrimônio entre as pessoas unidas por vínculos de sangue dentro dos limites estabelecidos pela lei.

Agora, HORTAL, 2006, pp. 98-99, esclarece que o fundamento deste impedimento

> está no ambiente de confiança e simplicidade que se deve reinar no seio desses grupos [geração/matrimônio/adoção] e que seria impossível ou, pelo menos, muito difícil, se houvesse propósitos matrimoniais entre alguns deles. Não se trata, portanto, como erradamente se pensa em relação à consanguinidade, de evitar taras biológicas, pois as leis genéticas eram desconhecidas quando esse impedimento fora estabelecido.

São duas as situações que podem resultar neste impedimento:

a) Consanguinidade em linha reta (c. 1091 § 1) – entre pessoas que descendem uma das outras: o impedimento alcança todos os graus existentes na série, tanto ascendentes como descendentes e segundo a doutrina mais comum, é de direito natural, pelo menos entre pais e filhos. Coincide assim com o Código Civil Brasileiro, para o qual é nulo o casamento de ascendentes com os descendentes, seja parentesco legítimo ou ilegítimo, natural ou civil (art. 183, I).

b) Consanguinidade em linha colateral (c. 1091 §2) – entre pessoas que descendem do mesmo tronco comum, mas não umas das outras. O impedimento atinge até o quarto grau inclusive, ou seja, até primos-irmãos inclusive. Além disso, também entre tio(a)-avô-(ó) e sobrinha(o)-neta(o). Já o Código Civil Brasileiro estabelece o impedimento de consanguinidade na linha colateral apenas até o terceiro grau, ou seja, o casamento de tio(a) com sobrinha(o).

O Código canônico não quis dirimir a questão sobre a natureza (de direito divino ou de direito eclesiástico); simplesmente enuncia um fato: "nunca se dá dispensa do impedimento de consanguinidade em linha reta ou no segundo grau da linha colateral" (c. 1078 § 3). Por outro lado, nenhum grau dispensável deste impedimento está reservado a Santa Sé. A dispensa pode, pois, ser concedida pelo Ordinário local.

Pastoralmente, quando houver alguma suspeita de que exista consanguinidade entre dois noivos, é conveniente construir a árvore genealógica dos dois, até atingir os bisavós. Se pelo menos um destes for comum a ambos os nubentes, pode existir o impedimento; caso contrário, ele é inexistente.

Havendo dúvida, não se pode permitir o matrimônio dos que se suspeita que sejam consanguíneos na linha reta ou no segundo grau da linha colateral (c. 1091 § 4 e 1078 § 3); "no entanto, por causa da dúvida, em certos casos extremos a Santa Sé permitiu não perturbar a boa fé de dois irmãos uterinos casados no paganismo e, depois, convertidos ao catolicismo, ou então permitiu o matrimônio de dois irmãos uterinos batizados" (Cf. S. Ofício, Resposta de 13 dez. 1916; resposta de Paulo VI de 21 jan. 1977 à Congr. Dout. Fé *in* A. M. Abate, *Il matrimonio nella nuova legislazione canônica,* Brescia 1985, 124-125, notas n. 28 e 29 *apud* GHIRLANDA, 2003, p. 401)[8]. Existindo, porém, dúvida sobre os outros graus da linha colateral, prevalece o direito natural ao matrimônio, mas será prudente pedir a dispensa *ad cautelam* (HORTAL, 2006).

Por fim, segundo GIL *in* Derecho Canónico II: El Derecho en la misión de la Iglesia, 2006, pp. 144-145 vale assinalar que:

> o emprego das técnicas de reprodução assistida ou artificial, levantam problemas com este impedimento já que a consanguinidade baseia-se em partilhar a mesma origem biológica. Assim, se os filhos não descendem do espermatozóide e óvulo de seus pais, não estariam afetados por este impedimento em relação com seus pais e sim com seus genitores.

Esta parece ser uma dificuldade que se resolve, mesmo que por outra via, não a pontual, mas a ético-reflexiva, na questão matrimonial, quando se estuda o impedimento de afinidade.

[8] "Foi o que aconteceu na Inglaterra em 1977. Dois irmãos gêmeos foram separados quando crianças e educados longe um do outro. Adultos, se encontraram e casaram. Somente dois anos depois de casados, descobriram que eram irmãos gêmeos. Foi pedida dispensa ao Papa Paulo VI com um rescrito particular de 21 de janeiro de 1977 os dispensou do impedimento de 2° grau colateral e continuaram a viver juntos num casamento válido, como esposo e esposa" (ROMAN, 1999, pp. 33-34).

1.1.2.10 Impedimento de afinidade (c. 1092)

Intimamente ligado ao anterior, este impedimento consiste na relação jurídica de parentesco que surge do matrimônio válido, ou seja, ratificado, consumado ou não-consumado e se dá entre o homem e os consanguíneos da mulher, e entre a mulher e os consanguíneos do homem (c. 109 § 1).

A afinidade não possui graus próprios; utiliza-se, portanto, dos mesmos da consanguinidade: "conta-se de tal maneira que os consanguíneos do marido sejam, na mesma linha e grau, afins da mulher, e vice-versa" (c. 109 § 2).

Para GIL *in* Derecho Canónico II: El Derecho en la misión de la Iglesia, 2006, p. 145, os requisitos estabelecidos para a existência deste impedimento são os seguintes:

> a) A afinidade surge do matrimônio válido, consumado ou não, tendo sido abandonado definitivamente o conceito de afinidade vinculado a cópula conjugal ou a relação sexual.
> b) O alcance do impedimento da afinidade se limita a linha reta em qualquer grau ascendente ou descendente, tendo sido eliminada a proibição na linha colateral.

Em algum momento histórico se chegou a defender por alguns que em alguns graus, se tratava de uma proibição de direito divino. Na atual legislação entende-se como sendo um impedimento de direito eclesiástico, plenamente dispensável pela autoridade competente, o Ordinário local, dado que a Santa Sé não reservou para si esta dispensa.

Conforme destaca HORTAL, 2006, no paralelo feito entre os impedimentos canônicos e civis brasileiros, na p. 101 "também o Código Civil Brasileiro considera a afinidade na linha reta impedimento matrimonial (art. 183, II)."

1.1.2.11 Impedimento de honestidade pública (c. 1093)

Trata-se de um impedimento que surge de um matrimônio inválido ou de um concubinato público e notório. Semelhante ao impedimento de afinidade, o de honestidade pública, ao invés de surgir de um casamento válido, surge de um casamento inválido, sendo suficiente que tenha sido celebrado com todos os trâmites do casamento canônico e tenha sido inválido (ROMAN, 1999).

Tal impedimento foi introduzido na legislação matrimonial canônica por considerações morais e de interesse público, não sendo usual sua existência em outras legislações. As fontes de onde surge este impedimento são duas, como indica GIL *in* Derecho Canónico II: El Derecho en la misión de la Iglesia, 2006, pp. 145-146:

> a) O matrimônio inválido depois de instaurada a vida em comum, devendo-se entender por matrimônio inválido o que tem a aparência, externa, de matrimônio canônico (c. 1061 § 3) e, portanto, tenha sido celebrado canonicamente. A nulidade do matrimônio pode dimanar da existência de um impedimento não dispensando, de um defeito ou vício de consentimento, por exemplo, e, logicamente, não se presume, mas deve ter sido declarada pela autoridade competente.
> b) O concubinato notório ou público: o concubinato consiste na relação entre um homem e uma mulher, mantida unicamente por motivações ou fins sexuais, sem nenhum outro interesse ou finalidade, com certa continuidade ou permanência, de maneira que constitui certo estado de vida, alguma semelhança com a vida matrimonial, enquanto que sem nenhuma intenção marital, já que sua única finalidade é o prazer sexual. É notório, ou seja, evidente de fato ou de direito, ou público, quando já divulgado ou que facilmente se divulgará dadas as circunstâncias em que se realiza.[...]. Somente o ato civil dos obrigados a observar a forma canônica, independentemente da coabitação, não produz esse impedimento. [...]. O atual c. 1093 nada diz sobre isso [concubinato ou não]; mas é evidente que, na atualidade, a consideração que a Igreja católica tem sobre o mero matrimônio civil não é equiparando-o ao concubinato, embora seja descrito como uma 'união matrimonial irregular'. O Código de Direito Canônico das Igrejas católicas orientais resolveram mais adequadamente este problema ao estabelecer que, [...] este impedimento surge 'do estabelecimento da vida comum daqueles que, obrigados à forma de celebração do matrimonio prescrita pelo direito, atentaram o matrimônio ante um oficial público ou um ministro acatólico' (CCEO, c. 810 § 1, 3°).

O alcance do impedimento inclui o primeiro grau da linha reta entre o homem e os consanguíneos da mulher e vice-versa (c. 1093). É um impedimento de direito eclesiástico, não reservado a Santa Sé, o que permite ao Ordinário local dispensar. Na legislação civil brasileira, não existe nenhuma disposição semelhante às que regulam o impedimento canônico.

1.1.2.12 Impedimento de parentesco legal proveniente da adoção (c. 1093)

Os ordenamentos jurídicos reconhecem diferentes formas pelas quais uma pessoa, estranha à família natural ou biológica, passa a ser integrante da mesma: a adoção, a tutela, a curatela, a guarda, o acolhimento familiar, etc... O impedimento, em questão surge unicamente do parentesco legal nascido da adoção (através da qual se obtêm os mesmos direitos que têm os filhos legítimos atuais ou que poderão vir no futuro) e nunca das demais formas explicitadas, pois "tutelar uma criança, por exemplo, é tomá-la sob seus cuidados para dar-lhe abrigo, alimentá-la e dar-lhe a devida educação" (ROMAN, 1999, p. 36).

Com relação à adoção, a legislação canônica se remete ao direito civil de cada nação, dada a grande variedade de normas existentes: o c. 110 faz perceber que "os filhos que tenham sido adotados de acordo com a lei civil são considerados filhos daquele ou daqueles que os adotaram".

Configurado como um impedimento de direito eclesiástico, cuja dispensa não está reservada à Santa Sé, o Ordinário local pode dispensar deste impedimento. Para GIL *in* Derecho Canónico II: El Derecho en la misión de la Iglesia, 2006, p. 147 esse impedimento "cessa quando na legislação civil, desaparece a adoção". Já para HORTAL, 2006, p. 104:

> o código civil brasileiro admite diversos modos de extinguir a adoção, enumerados nos artigos 373 e 374. [...]. Conforme a maior parte dos comentaristas do código civil brasileiro, esse impedimento é, pela sua natureza, perpétuo. Por isso, uma vez surgido, não cessa pela extinção da adoção. [...]. Do novo Código canônico, desapareceu o impedimento de 'parentesco espiritual' que ligava a pessoa batizada com o celebrante e com os padrinhos. Esse parentesco continua a existir como circunstância modificativa da personalidade física, mas já não tem nenhuma transcendência no campo matrimonial.

1.2 CONSENTIMENTO MATRIMONIAL

> Surge [...] às vezes o equívoco, segundo o qual o matrimônio é identificado ou, em todo o caso, confundido com o rito formal e externo que o acompanha. Com certeza, a forma jurídica do matrimônio representa uma conquista de civilização, pois confere-lhe relevância e também eficácia diante da sociedade, que por conseguinte assume a sua tutela. Mas a vós, juristas, não passa despercebido o princípio pelo qual o matrimônio consiste de modo essencial, necessário e único no consentimento mútuo expresso pelos nubentes. Esse consentimento não é senão a aceitação consciente e responsável de um empenho, mediante um ato jurídico com o qual, na doação recíproca, os esposos prometem um ao outro amor total e definitivo. Eles são livres de celebrar o matrimônio, depois de se terem escolhido reciprocamente de modo também livre, mas, no momento em que realizam este ato, instauram um estado pessoal, em que o amor se torna algo devido, com caráter também jurídico (JOÃO PAULO II, 1999).

Na realização do matrimônio *in fieri*[9] o consentimento tem papel determinante (HORTAL, 2006, p. 105). O c. 1057 § 1 afirma que "é o consentimento das partes legitimamente manifestado entre pessoas juridicamente hábeis que faz o matrimônio; esse consentimento não pode ser suprido por nenhum poder humano".

---

[9] Relativo à vivência do casamento.

É notório, que o consentimento é que faz o matrimônio. Os demais elementos (testemunhas, ritos litúrgicos, etc...) são, no máximo, condições para que o consentimento atinja sua eficácia jurídica. Assim, unicamente o consentimento tem a consideração de causa eficiente do matrimônio. Não pode haver, portanto, matrimônio sem consentimento dado pelas partes. Entretanto, como afirma o c. 1057 § 2, o consentimento se dá por "aliança irrevogável", pela qual o homem e a mulher "se entregam e se recebem mutuamente para constituir matrimônio", logo, a indissolubilidade e a unidade, que são propriedades essenciais do matrimônio, estão claramente incluídas no conceito de consentimento, não podendo, portando estar ausente.

Para que atinja a sua eficácia jurídica, o consentimento deve acontecer entre partes hábeis e deve ser legitimamente manifestado. Num caso concreto, por exemplo, pode acontecer que a vontade da pessoa se dirija clara e livremente para o conteúdo próprio do consentimento matrimonial, mas que este seja juridicamente ineficaz por lhe faltar algum requisito que a lei exige para o seu reconhecimento legal. No caso em tela, tem-se consentimento naturalmente suficiente, mas juridicamente nulo.

Existem pessoas que, por vários motivos, são incapazes de consentir, conforme indicam os vícios de consentimento, que podem tornar nulo um casamento, ainda que celebrado na Igreja e seguido de festa. Os casos que se configuram como incapacidade de consentir são elencados por HORTAL, 2006:

1. Privação radical da capacidade de consentir, por carecer da capacidade de compreender, formulada pelo c. 1095, 1º: "São incapazes de contrair matrimônio: os que não têm suficiente uso da razão". Esta incapacidade pode acontecer: a) pela falta de desenvolvimento psíquico (c. 97 § 2); b) por uma doença mental permanente (c. 99); c) por um transtorno ou perturbação transitória proveniente, por exemplo, do alcoolismo ou do uso de drogas.
2. Privação da capacidade de compreender e, consequentemente de consentir, no campo especificamente matrimonial. O Código atual formula esta incapacidade da seguinte forma: "São incapazes de contrair matrimônio: os que tem grave falta de discrição de juízo a respeito dos direitos e obrigações essenciais do matrimônio, que se devem mutuamente dar e receber" (c. 1095, 2º).
3. Incapacidade para cumprir as obrigações essenciais do matrimônio. Trata-se dos casos em que a pessoa se encontra no pleno uso da razão, estando também no gozo de sua vontade o desejo de casar, contudo, no campo matrimonial, essa

vontade se apresenta como algo ilusório. Por causa de uma grave anomalia psíquica, sente um impulso pouco menos que irresistível a comportar-se de modo diferente ao que prometeu. Não cabe aos Tribunais Eclesiásticos, julgar a imputabilidade ou a responsabilidade moral dessa conduta, apenas, constata-se o fato. Durante a reforma do Código, os casos elencados, baseando-se na jurisprudência rotal, são de ninfomania, assim como os mais graves de homossexualismo, sadismo e masoquismo. Contudo, essas anomalias não se restringem ao campo sexual. Por isso, a positivação da norma foi assim expressa na atual legislação: "são incapazes de contrair matrimônio os que não são capazes de assumir as obrigações essenciais do matrimônio, por causas de natureza psíquica" (c. 1095, 3º).

O consentimento traz consigo uma grande importância prática, dado que a maioria das declarações de nulidade matrimonial, emitidas pelos Tribunais eclesiásticos, é consequência de consentimentos matrimoniais emitidos de forma inválida (GIL *in* Derecho Canónico II: El Derecho en la misión de la Iglesia, 2006, p. 148).

Alguns vícios do consentimento podem invalidar o casamento. São eles, segundo o esquema proposto por ROMAN, 1999:

1) Carência de suficiente uso da razão (c. 1095, 1º). Existem pessoas que possuem o uso da razão e têm condições de lidar com outras atividades, tendo consciência e sabendo o que fazem. No entanto, não têm suficiente uso da razão para celebrar o contrato matrimonial. As causas que afetam o uso da razão e podem, consequentemente, tornar o casamento nulo são múltiplas e de diferentes graus e formas, necessitando-se, assim, do auxílio das ciências psiquiátricas e psicológicas para sua determinação. Por exemplo, pode-se citar:

a) Oligofrenia: adulto que não tem chegado ao completo uso da razão, ou que depois de alcançado, o perdeu, devido a doença ou acidente;
b) Demência, amência...: grave enfermidade mental;
c) Psicose, esquizofrenia: são doenças mentais que desestruturam a harmonia da personalidade, fazendo com que o doente se desligue da realidade e crie um mundo à parte, dentro de si. Ainda que o doente possa ter intervalos de lucidez, a Jurisprudência Canônica desconsidera, apreciando a doença como permanente, com base no c. 1322, onde se pode compreender que se considera incapaz de prestar um consentimento matrimonial quem carece

habitualmente do uso da razão, embora tenham prestado quando pareciam estar saudáveis (cf. GAFO, J., AMOR, J. R., *et al.*, 1997);

d) Neurose: nesta doença, o doente tem consciência de suas perturbações, que são quantitativamente mais acentuadas que as normais; enquanto que a psicose e a esquizofrenia são qualitativamente diferentes do normal e o doente não tem consciência de ter a doença.

e) Atraso mental: é a pessoa que mal faz uso da razão, com "Q.I." baixíssimo, de tal modo que não pode conhecer as obrigações de marido ou de esposa necessários para a vida de casados.

f) A carência do uso da razão pode ser permanente, contudo, pode ser também temporária. Assim, a pessoa pode ficar sem o suficiente uso da razão, temporariamente, quando, ingere bebidas alcoólicas antes da celebração, como aperitivo, ou mesmo quando faz, antes da celebração, uso de drogas ou sedativos para acalmar o nervosismo.

O casamento será sempre nulo se no ato do consentimento matrimonial o contraente não tiver suficiente uso da razão, não importando a causa que o tenha privado; afinal, o consentimento é um ato que empenha a vida de determinada pessoa com outra e para sempre, por isso, ao realizá-lo, deverá ser feito com plena consciência, sabendo o que faz e o que assume.

2) Falta de discrição de juízo (c. 1095, 2º). A pessoa para que possa tomar a decisão de casar deve poder deliberar, tendo um conhecimento estimativo dos direitos e deveres do casamento. Quando o contraente consegue discernir com liberdade, tendo a capacidade de pesar os prós e os contras do casamento e do casamento com determinada pessoa, se pode dizer que não lhe falta a discrição de juízo, isto é, tem maturidade para tomar decisões. Para que um casamento seja nulo, a falta de discrição de juízo deve ser grave e é das mais variadas tais como:

a) Patologias com ideias delirantes, obsessivas, maníaco-depressivas, neuroses...

b) Perturbação da consciência devido a hipnose, estado crepuscular (que pode acontecer depois de um ataque de epilepsia).

c) Perturbação afetiva provocada por acontecimentos marcantes como a gravidez inesperada, a morte de familiares, acidentes...

d) Incapacidade de tomar decisões por si, quando são sempre outros que decidem pela pessoa, que permanece sempre em dúvida diante de uma decisão a tomar.
e) Abulia da vontade, quando a pessoa é inconstante, sempre desanimada, não se fixa em nenhum emprego, encara as coisas todas como difíceis, mudando constantemente de decisão.
f) Falta de liberdade, tendo em vista que as partes devem poder deliberar com plena liberdade, sem interferência ou coação de familiares, parentes ou comunidade. Devem ter a liberdade interna de poder autodeterminar-se com o domínio de seus atos. Pressões relativas a gravidez ou outros fatores, excluem a liberdade de escolha.
g) Condicionamentos internos que impedem o sujeito de autodeterminar-se devido a anomalias psíquicas, patológicas, neuróticas que se manifestam como falta de afeto, fechamento, frieza...

Como se percebe são muitos os fatores e as causas que incidem sobre os contraentes e que fazem com que não tenham discrição de juízo necessária para poder casar.

3) Incapacidade de assumir as obrigações essenciais do matrimônio por causas de natureza psíquica (c. 1095, 3°). As pessoas que não podem assumir a vida matrimonial por incapacidade psíquica, não são loucas e nem assim são consideradas. Alguém pode ter suficiente uso da razão para conhecer corretamente, podendo optar entre querer ou não querer, e tomar decisões plenamente responsáveis. No entanto, por causas de natureza não física, mas psíquica, não é capaz de assumir o que prometeu. Diante disso existe uma norma do direito natural que diz: *"ad impossibilia nemo tenetur"* (ninguém está obrigado a fazer o impossível). Neste caso, se trata da impossibilidade de oferecer o objeto do contrato que prometeu através do consentimento; objeto que é ele mesmo e que não pode oferecer, pois não se sente dono do seu próprio agir por lhe faltar o domínio sobre si. As causas são inúmeras, com destaque para:
a) Ninfomania: quando a mulher se sente irresistivelmente arrastada a praticar o ato sexual com qualquer homem, nunca estando satisfeita sexualmente. Quando é o homem que se enquadra nessa situação, denomina-se satiríase.

b) Homossexualidade/lesbianismo: quando o homem ou a mulher sente-se irresistivelmente atraído(a) para um parceiro(a) do mesmo sexo com objetivos eróticos, sentimentais, sexuais.
c) Sadismo: é a perversão sexual em que se procura o prazer sexual fazendo sofrer as outras pessoas. Quando a pessoa se satisfaz sexualmente sendo maltratada por pessoa de outro sexo, diz-se masoquismo.
d) Narcisismo, egotismo, imaturidade afetiva podem também impedir um mínimo de relacionamento interpessoal, necessário para formar uma comunidade de vida e de amor.
e) Dependência de drogas: pode escravizar o consumidor, incapacitando-o de livrar-se dela, inclusive o álcool.
f) Ludopatia: trata-se da atração irresistível para o jogo de azar, que impede a pessoa de abster-se de jogar.

Todas essas causas que podem tornar alguém capaz de assumir a vida matrimonial podem ser indício de nulidade, contudo, devem estar presentes antes do casamento, ainda que se manifestem depois.

4) Ignorância (c. 1096). Refere-se à carência do conhecimento mínimo devido acerca do matrimônio, que é:
   a) O matrimônio é um consórcio feito para sempre. Uma vez feito, deve durar por toda a vida.
   b) O consórcio matrimonial é feito entre um homem e uma mulher, e não entre dois homens ou duas mulheres.
   c) O casamento tem como finalidade a procriação de filhos por meio do ato conjugal, como indica o c. 1055 § 1, acerca dos fins do matrimônio. Embora no c. 1096 não se faça referência ao bem dos cônjuges, subtende-se que ele esteja presente, implicitamente, na referência a "consórcio permanente".

É obrigação dos pais orientar e ajudar os filhos a solucionar, desde crianças, os problemas que surgem, principalmente a respeito do sexo, de modo que não aconteça que na lua-de-mel, passada na casa dos pais da noiva, ela chame a mãe apavorada e relate que o marido está querendo fazer o ato sexual com ela.

5) Erro (c. 1097). O § 1 diz respeito ao casamento que alguém realiza com pessoa diferente daquela que o contraente desejava. Isso parece pouco possível hoje, mas aconteceu no passado e ainda pode acontecer hodiernamente, sobretudo por motivo de namoros por correspondência ou virtual. A Jurisprudência canônica, a partir de 1970, alargou o conceito de pessoa, considerando muito mais do que a constituição física. Na sua totalidade, ela é constituída também por seu aspecto moral, social, cultural, religioso, etc., de tal modo que, faltando um destes aspectos, a pessoa resultaria diferente daquela que a outra parte conhecia no momento da celebração do matrimônio. Eis algumas atitudes que configuram também erro de pessoa: adultério, amoralidade, crueldade, desonestidade, egoísmo, infidelidade, ser adepto de outra religião ou de uma seita... Outros casos poderiam ser também elencados, porém, bastam esses para se compreender que, para conhecer uma pessoa, não é suficiente o seu aspecto físico. O § 2 do c. 1097 reza que "o erro de qualidade da pessoa, embora seja causa do contrato, não torna nulo o matrimônio, salvo se esta qualidade for direta e principalmente visada". Um exemplo para ilustrar esse caso seria o seguinte: Maria casa com João porque deseja ter no marido uma pessoa econômica. Não tivesse esta qualidade, não casaria com ele. Mas, ao casar, descobre que ele sofre de uma ludomania tal que canaliza tudo o que tem para o jogo. A qualidade a que Maria visava em João não existia. Houve erro de qualidade visada "direta e principalmente". Outro exemplo seria a presunção querida e exigida, por parte do marido, antes do casamento, da virgindade da mulher. Ela não sendo virgem, o casamento é nulo pois o marido deu o consentimento visando direta e principalmente a qualidade da esposa: virgindade.

6) Dolo (c. 1098). Trata-se de alguém que é enganado pelo interessado em casar ou por terceiros. O engano doloso acontece com o objetivo de conseguir o consentimento da pessoa enganada. Casos clássicos que ilustram tal vício do consentimento são: esconder a religião do cônjuge, para receber dele o consentimento; silenciar acerca da prole que teve com outra mulher ou homem; mostrar-se rico para esconder que na verdade é um desocupado; ocultar uma enfermidade contagiosa, dependência química ou então que é estéril; estar grávida de outro homem, mas para casar-se com o noivo dizer que ele é o pai;

7) Simulação ou exclusão do matrimônio ou de algum elemento essencial (c. 1101). Sempre que se tira ou limita a perpetuidade do casamento ou se usa o casamento como meio, como trampolim para alcançar outro objetivo fora dele, é nulo. Faz-se importante destacar os fins do matrimônio expressos no c. 1055 § 1 e as propriedades essenciais contidas no c. 1056, respectivamente: *o bem dos cônjuges, a geração e educação da prole* e a *unidade* (uno – opondo-se a poligamia e à poliandria) e *indissolubilidade* (que impede a dissolução do vínculo conjugal, a não ser em caso de morte de um dos cônjuges – opondo-se, portanto ao divórcio). Cabe ainda esclarecer que cf. c. 1055 § 2, "[...] *entre batizados não pode haver contrato matrimonial válido, que não seja por isso mesmo sacramento*", ou seja, a pessoa que exclui o sacramento celebra invalidamente o matrimônio. Dessa forma, quem se casa com o propósito claro de excluir o sacramento do matrimônio ou uma das propriedades dele, contrai invalidamente. Exemplos claros de tal situação são os matrimônios celebrados sob pressão de familiares, comunidade, padre; ou ainda, por interesse em permanecer num determinado país; receber herança dos pais do cônjuge; resolver o problema de uma gravidez; não querer ter filhos (explicitando antes de casar)... Entretanto, enquanto não for declarado nulo, o casamento é considerado válido, tanto para as partes como para a Igreja. É a presunção da lei em favor da validade do matrimônio (c. 1060).

8) Condição (c. 1102). Trata-se de uma circunstância ou fato determinado de cuja verificação se faz depender um ato da vontade. Quando colocada condição de futuro, o matrimônio é nulo (§ 1), pois o Direito admite apenas condição de presente e de passado (§ 2). Neste caso, o fato ou acontecimento que faz depender o casamento já existe, mas pode ser desconhecido da parte que põe a condição. "Em si, a condição de futuro não torna nulo, mas apenas suspende o consentimento" (HORTAL *in* CÓDIGO DE DIREITO CANÔNICO, 2008 comentário do c. 1102). A imposição de condição de presente ou passado, não pode ser colocada licitamente, sem a licença escrita do Ordinário local (§ 3). Quem casa com essas condições e sem a devida licença, casa-se de modo válido, porém ilicitamente. Os que casam com a licença, licitamente, portanto; caso, a condição não se cumpra, o casamento será inválido. O difícil é provar que houve

condição quando ninguém falou para outras pessoas antes de casar, daí a importância do zelo pela liceidade. Parece plausível dizer que as condições (as atitudes humanas, sociais e religiosas mais básicas e comuns esperadas do cônjuge), mesmo quando não são postas explicitamente e sem licença do Ordinário local, podem ser exigidas *a posteriori*, caso não venham a ser cumpridas; todavia, com fixação de capítulo a ser investigado, relativo a erro de pessoa (c. 1097) e não condição (c. 1102), pois, como foi dito anteriormente, é muito difícil provar que foi imposta uma condição, se esta não foi expressamente dita.

9) Medo simples e medo reverencial (c. 1103). O texto do código afirma que: "É inválido o matrimônio contraído por violência, ou medo grave proveniente de causa externa, ainda que incutido não propositalmente, para se livrar do qual alguém seja forçado a escolher o matrimônio". Antes de mais nada, vale ressaltar o que HORTAL *in* CÓDIGO DE DIREITO CANÔNICO, 2008 comentário do c. 1103 diz: "para que o medo produza nulidade do matrimônio, deve reunir simultaneamente as seguintes condições: a) que seja *grave*; b) causado extrinsecamente; c) *inevitável*, ou seja, que a única saída de escapar dele se encontre no casamento. A violência externa de que fala o Código pode ser *física* (quando alguém exerce a violência sobre o corpo do outro e lhe tira a autonomia) ou *moral* (quando existem ameaças das mais diversas, que podem ir da represália física até a morte). A pessoa que sofre a coação, amedrontada, para evitá-la, se vê forçada a buscar a única porta de saída: o casamento, contra a vontade. Enfim, o medo pode tirar ou diminuir a liberdade de escolha do contraente. Se isso acontecer, pode tornar o casamento nulo. Além do clássico exemplo de ameaças provindas depois de uma gravidez, caso o casamento não aconteça, serve também de ilustração o seguinte caso: João, depois de namorar Maria por vários anos, descobre que não a ama e decide deixa-la. Ela afirma que vai se suicidar, se ele a deixar, e com medo que ela faça alguma besteira, sem amá-la, acaba contraindo matrimônio. O medo pode ser também reverencial, que consiste em desagradar a pessoas de quem alguém depende, como filho, empregado; verifica-se tal caso quando, por exemplo, alguém que é empregado, case com a filha do patrão, com receio de perder o emprego.

Para se contrair matrimônio, como se pode perceber, "não basta a capacidade radical de conhecer; é necessário que essa capacidade seja exercida no ato concreto de casar. Por isso, é necessário que cada um dos contraentes conheça positivamente a instituição matrimonial, assim como a pessoa com quem pretende casar" (HORTAL, 2006, p. 113). Entretanto, além de conhecer aquilo que é inerente ao matrimônio, "é preciso também querer. [...] o querer é um ato positivo da vontade que aceita o objeto matrimonial apresentado pelo entendimento" (*Ibid.*, p. 122).

1.3 FORMA CANÔNICA

Os cânones 1108-1133 normatizam a forma de celebrar o matrimônio. Trata-se do terceiro requisito exigido para que este sacramento seja válido, ou seja, tenha consequências e efeitos jurídicos. Como já foi evidenciado, o consentimento mútuo dos contraentes é o elemento constitutivo e a causa eficiente do matrimônio. Entretanto o matrimônio traz consigo uma inevitável dimensão social ou pública, tendo em vista o bem dos próprios esposos, dos filhos e da sociedade, o que exige, portanto, que o matrimônio seja celebrado de forma pública que garanta sua segurança (cf. c. 1057).

A forma jurídica do matrimônio é, neste sentido, uma conquista da civilização, e que dá importância e ao mesmo tempo eficácia perante a sociedade, que consequentemente assume sua tutela. Ademais, entre os batizados, o matrimônio é um sacramento, justificando-se assim a necessária intervenção da Igreja na sua celebração (GIL *in* Derecho Canónico II: El Derecho en la misión de la Iglesia, 2006).

1.3.1 Forma canônica ordinária

A forma canônica consiste na "necessidade da presença do ministro qualificado que peça e receba a manifestação do consentimento dos contraentes e na presença de pelo menos duas testemunhas" (ROMAN, 1999, p. 65). A celebração litúrgica são os atos religiosos que acompanham a celebração com a forma canônica.

A atual disciplina canônica sobre a forma que se deve observar na celebração do matrimônio foi sendo elaborada progressivamente no decurso da história.

Durante os primeiros séculos, "o contrato matrimonial era feito de acordo com as normas do Direito Romano, ou da região onde o povo vivia" (*Ibid.*, pp. 63-64), excluindo as práticas pagãs idolátricas. Posteriormente, ao longo dos séculos IV e V apareceram as diferentes liturgias ou rituais que acompanharam a celebração do matrimônio dos cristãos, apesar de não ser obrigatória. Ao longo da Idade Média foi sendo instaurada a celebração do matrimônio, de forma pública, por diferentes motivos. Os séculos IX e X estabeleceram uma forma de celebração pública do matrimônio que progressivamente se estende.

O IV Concílio de Latrão (1215) assume a práxis do matrimônio em duas partes. A primeira *in facie ecclesiae* (o consentimento dado na entrada da igreja) fazia-se necessário para a liceidade, precedida dos proclamas matrimoniais; depois, passando-se ao interior da mesma, acontecia a segunda parte que consistia na missa nupcial. Os matrimônios que assim não fossem celebrados eram considerados clandestinos e, se válidos, os contraentes estavam sujeitos a diferentes penalizações (GIL *in* Derecho Canónico II: El Derecho en la misión de la Iglesia, 2006).

O Concílio de Trento, com o decreto *Tametsi in* DENZINGER, 2007 (n. 1813-1816) estabeleceu os elementos essenciais da forma canônica:

1) Obrigação da publicação dos proclamas do casamento;
2) O casamento deve ser feito na presença do pároco próprio ou do Ordinário do lugar, ou de outro sacerdote delegado por um deles;
3) O casamento deve ser celebrado diante de duas ou três testemunhas.

Em 1907 Pio X estabelece que a competência do sacerdote é territorial (só dentro da paróquia onde se está provisionado) e ordena a intervenção ativa do sacerdote no casamento. Dessa forma, o sacerdote deve estar presente na celebração e *pedir a manifestação do consentimento* dos contraentes e *recebê-la* em nome da Igreja. Isso aconteceu para desfazer a função meramente passiva do sacerdote diante dos noivos, como era até então, o que possibilitava o acontecimento de casamentos de surpresa, quando os contraentes chegavam diante do sacerdote, diziam as palavras do contrato matrimonial e se retiravam casados, sem o padre poder fazer algo (ROMAN, 1999, pp. 64-65).

O c. 1117, da atual legislação canônica, resultado também das reflexões do Concílio Vaticano II, para a validade do matrimônio, exige que o mesmo seja celebrado canonicamente e estabelece que estão obrigados à sua observância os católicos batizados ou recebidos na Igreja. Não estão sujeitos à forma canônica os não batizados (embora não seja sacramento, o casamento deles, feito de acordo com suas leis é válido) e os batizados não católicos (para estes, o casamento válido, feito entre eles, é sacramento, ainda que não feito na Igreja católica).

Para ROMAN, 1999, p. 67,

> Nos casamentos ecumênicos, quando um dos contraentes é católico, para a validade do casamento, é sempre o ministro católico assistente quem pede e recebe o consentimento. Somente ele o faz. O pastor poderá ler a Sagrada Escritura e deixar uma mensagem para os noivos.

A dispensa da forma canônica está reservada a Sé Apostólica[10], salvo os seguintes casos (cf. GIL *in* Derecho Canónico II: El Derecho en la misión de la Iglesia, 2006, p. 169):

1. Em perigo de morte (c. 1079 § 1) o Ordinário do lugar pode dispensar os seus próprios súditos, não importando o lugar de residência dos mesmos e a todos que moram em seu território. O ministro sagrado que assiste a celebração do casamento, se não tem condições de pedir a dispensa ao Ordinário do lugar, pode também ele dispensar.
2. Nas celebrações dos matrimônios mistos (c. 1127 § 2) e do matrimônio de disparidade de culto (c. 1129), o Ordinário local pode dispensar da forma canônica ordinária, desde que cumpridas as condições previstas no c. 1125.
3. No caso da sanação na raiz (c. 1165 § 2) e não se tratando de um impedimento cuja dispensa esteja reservada a Sé Apostólica (c. 1078 § 2) ou de um impedimento de direito natural ou divino.

1.3.2 Forma canônica extraordinária

Quando por diferentes motivos os fieis não podem unir-se em matrimônio pela via da forma canônica ordinária, a legislação matrimonial canônica possibilita outras formas de celebração do matrimônio. Uma delas, expressa no c. 1116, é denominada forma canônica extraordinária, que consiste na lícita e válida celebração do matrimônio somente diante das testemunhas. Esta forma canônica extraordinária foi sendo configurada a partir do Concílio de Trento.

A validade de tal forma extraordinária está condicionada a determinados requisitos, contidos no mesmo c. 1116 da atual legislação, que elenca os seguintes casos:

---

[10] ASS 77 (1985) 771 *in* João Paulo II, 1985.

1) Em perigo de morte.

2) Quando se prevê que este estado de coisa vai durar por um mês.

1.3.3 Nulidade por defeito de forma

Os casos que incorrem em nulidade por defeito de forma, segundo ROMAN, 1999, p. 68 são:

> 1) Quando o ministro assistente qualificado não tem delegação para assistir o casamento.
> 2) Quando o sacerdote assiste o casamento em paróquia alheia, sem autorização explícita do respectivo pároco. Não se pode supor. [...].
> 3) Quando o ministro sacro, por doença psíquica, por embriaguez ou por efeito de drogas, não tiver consciência plena daquilo que faz.
> 4) Quando não estão presentes, pelo menos, duas testemunhas prescritas.
> 5) Quando a delegação não é dada de uma maneira expressa e determinada, mas indeterminada, como, por exemplo: 'o padre que me substituir'; 'um padre do seminário'; 'um padre capuchinho'... [...].
> 6) Quando o ministro se porta passivamente diante dos contraentes, não pedindo nem recebendo o consentimento deles.
> 7) Quando um sacerdote não recebeu a delegação geral e por escrito e subdelega um outro sacerdote para assistir o casamento.

2 CONVALIDAÇÃO DO MATRIMÔNIO: SOLUÇÃO JURÍDICA PARA REPARAR UM MATRIMÔNIO NULO

Um matrimônio, quando acontece, presume-se sua validade. Entretanto, pode ser apenas um aparente matrimônio, dado que a validade do mesmo pode estar comprometida. É por este motivo que a legislação canônica oferece soluções jurídicas para a reparação desta situação.

A primeira é a declaração de nulidade matrimonial que consiste na demonstração jurídica de que não houve constituição real do vínculo matrimonial, mas meramente aparência. Esta declaração não dissolve o vínculo, serve, porém, para determinar se o matrimônio contestado foi nulo realmente desde o início de sua constituição, possibilitando que as pessoas envolvidas possam contrair um matrimônio válido. Entretanto, a ação de declarar nulo um matrimônio, segundo GIL *in* Derecho Canónico II: El Derecho en la misión de la Iglesia, 2006, p. 193, "somente deveria ser posta em prática quando não couber outra solução", dada a indicação do c. 1676:

> Antes de aceitar a causa e sempre que percebe esperança de sucesso, o juiz use meios pastorais a fim de que os cônjuges sejam levados a convalidar eventualmente o matrimônio e restabelecer a convivência conjugal.

A segunda forma de reparação se dá através da convalidação do matrimônio que é um ato pelo qual um matrimônio inválido torna-se válido, tendo seu valor jurídico restaurado. Para a convalidação existem dois procedimentos, um ordinário e outro extraordinário como se apresenta a seguir, respectivamente:

1) *Convalidatio simplex*: confere validade ao matrimônio inválido, mediante a renovação do consentimento, pelo menos de uma das partes, sem, porém, a retroação dos seus efeitos jurídicos (c. 1156). Pode-se dizer que a convalidação simples é o modo normal de revalidar matrimônios nulos por impedimento dirimente ou por falta de consentimento. É pressuposto de toda convalidação simples a existência de um matrimônio *nulo*, em cuja celebração inicial se tenham observado todos os requisitos essenciais da forma canônica. Em outras palavras, o matrimônio a ser simplesmente convalidado deve possuir todas as aparências de um matrimônio canônico, não podendo sua nulidade, resultar de um defeito de forma. Faz-se necessário também que *tenha cessado a causa de nulidade*, ou seja, o impedimento dirimente ou a causa que motivou o vício do

consentimento (c. 1156 § 1). A rigor, a renovação do consentimento só se torna necessária para suprir o que faltou previamente. Daí as diversas hipóteses da atual legislação canônica: a) *renovação unilateral* - se a nulidade provém de um impedimento que não pode ser provado (quer dizer, *juridicamente oculto*), conhecido apenas por uma das partes (c. 1158 § 2), ou se faltou o consentimento apenas de uma das partes, sem que também essa falta se possa provar (c. 1159 § 2), é necessário que o consentimento seja renovado em particular e em segredo apenas pela parte cônscia do impedimento ou que não consentiu inicialmente; b) *renovação bilateral secreta* – se a nulidade provém de um impedimento que não se pode provar, mas que é conhecido de ambas as partes, ou se a falta de consentimento é bilateral e tampouco se pode provar, é necessário que os dois cônjuges presumidos renovem o consentimento em forma privada (portanto, sem necessidade da presença de uma testemunha qualificada) e em segredo. Inclusive, no caso da falta do consentimento, se ela não foi externa e cada uma das partes não conhece a falta da outra, bastaria que essa renovação fosse feita por cada um dos cônjuges no foro íntimo da consciência.

> A jurisprudência e a doutrina não estão de pleno acordo ao valorar o significado da cópula conjugal, realizada *com afeto marital*, em ordem à renovação privada implícita do consentimento matrimonial. A cópula, sem dúvida, é um indício, mas equívoco, do ato de vontade em que essencialmente consiste esse consentimento. Daí a necessidade de que o contexto em que ela é realizada elimine essa ambiguidade (HORTAL, 2006, p. 167).

A renovação bilateral pública (a unilateral pública nem entra em questão) não é uma "convalidação simples", mas sim a nova celebração do matrimônio.

2) *Sanatio in radice*: apresenta-se como uma convalidação especial de matrimônio nulo, por isso, diz-se também procedimento extraordinário de convalidação. Traz consigo a dispensa do impedimento, da forma canônica, bem como a obrigação de renovar o consentimento. Diferente da forma ordinária, a sanação na raiz concedida pela autoridade competente retroage os efeitos canônicos ao passado (c. 1161 § 1).

São os matrimônios celebrados, mas que, dada a presença de impedimento, vício de consentimento ou por defeito de forma canônica foram nulos, ou seja, não aconteceram. Em relação aos procedimentos a serem tomados para convalidação, percebe-se que:

> ambos se diferenciam *na maneira* – a convalidação simples se produz pela renovação do consentimento, enquanto que a sanação na raiz se opera por uma disposição da autoridade competente; e *nos efeitos* – a convalidação simples produz efeitos jurídicos *ex nunc*, enquanto que na sanação na raiz ocorrem *ex tunc* (GIL, 1985, pp. 515-516).[11]

O instituto canônico da convalidação, historicamente, está muito vinculado com o tema do matrimônio presumido, cuja essência consiste na presunção da existência do consentimento matrimonial (convalidação implícita ou presumida) quando, apesar de não ter sido manifestado verbalmente, mediava a cópula conjugal e um período de coabitação. Suprimida esta fórmula pelos inconvenientes que acarretavam no *CIC* de 1917, novamente apareceu o pedido de validação automática na convalidação, nos trabalhos preparatórios da nova legislação, para evitar os inconvenientes derivados do c. 1492 § 1 acerca da perpetuidade das causas que afetam o estado das pessoas e os abusos que se podem originar. Foi sugerido que nos casos de casamentos inválidos por medo, força ou fraude, tais casamentos fossem validados mediante a não renovação do consentimento, mas, *ipso iure*, pela livre coabitação durante três anos, a partir do momento da rescisão do medo ou da descoberta do dolo. Tal pedido foi rejeitado com base no c. 1057 § 1, que define o consentimento como indissolúvel (GIL, 1985, pp. 516-517).

Entretanto, diante do exposto, vale ressaltar que "é pouco concebível que, havendo interrupção da convivência, após ser conhecido o vício que inquinou de invalidade a celebração, exista outro caminho a trilhar que não o de pleitear a nulidade" (CAPPARELLI, 1999, p. 219).

2.1 CONVALIDAÇÃO DE UM MATRIMÔNIO INVÁLIDO POR IMPEDIMENTO DIRIMENTE (cc. 1156-1158)

Como destaca GHIRLANDA, 2003, para convalidar um matrimônio inválido por impedimento, é necessário que este tenha cessado ou então que tenha sido dispensado e que o consentimento seja renovado ao menos pela parte consciente do

---

[11] "*Ex tunc*" - expressão de origem latina que significa "desde então", "desde a época". Assim, no meio jurídico, quando se diz que algo tem efeito "*ex tunc*", significa que seus efeitos são retroativos à época da origem dos fatos a ele relacionados. "*Ex nunc*" – também é uma expressão de origem latina que significa "desde agora". Assim, no meio jurídico, quando se afirma que algo tem efeito "*ex nunc*", significa que seus efeitos não retroagem, valendo somente a partir da data da decisão tomada (JURISWAY, 2012).

impedimento (c. 1156 § 1). Por si, não seria necessário renovar o consentimento, se esse foi dado sem vícios, mas mesmo que as partes não tenham jamais revogado o consentimento inicial, por disposição de direito eclesiástico devem renová-lo para a validade da convalidação (c. 1156 § 2). Para GIL, 1985, p. 517 "desde o ponto de vista do direito natural bastaria a perseverança do consentimento inicial para que o matrimônio fosse válido". A renovação do consentimento (cf. c. 1157), que pode ser unilateral ou bilateral, deve ser um novo ato da vontade, constituinte de um verdadeiro matrimônio que, quem renova o consentimento, sabe ou duvida que foi nulo desde o início. Requer-se um novo ato da vontade distinto do primeiro, formal e positivo.

Em relação à forma de renovação do consentimento, a atual codificação canônica, seguindo a estabelecida no *CIC* de 1917, determina os seguintes critérios, segundo GIL, 1985, p. 517:

> Se o impedimento é público, o consentimento deve ser renovado por ambas as partes de acordo com a forma canônica (c. 1158 § 1). A razão desta norma é clara: dado que a nulidade é pública, também a convalidação deve ser pública. [...]. O impedimento pode ser público em três sentidos: por razão da divulgação, pela possibilidade de ser provado no foro externo e por natureza. [...]. Se o impedimento é oculto, no sentido de que não se pode provar (c. 1158 § 2 [...]) e conhecido por ambos, basta que os dois renovem o consentimento de modo privado e em segredo, ou seja, sem a necessidade do pároco nem de testemunhas. [...]. Se o impedimento é oculto e conhecido somente por uma das partes, basta que a parte que sabe do impedimento renove o consentimento de modo privado e em segredo, contanto que persevere o consentimento da outra parte (c. 1158 § 2), que segundo o c. 1107 se presume que persevera, até que conste sua revogação.

2.2 CONVALIDAÇÃO DE UM MATRIMÔNIO INVÁLIDO POR VÍCIO DO CONSENTIMENTO (c. 1159)

Dado que "é o consentimento das partes legitimamente manifestado entre pessoas juridicamente hábeis que faz o matrimônio" (c. 1057), no caso de nulidade matrimonial por vício do consentimento, o próprio direito divino requer que o consentimento seja renovado. O defeito de consentimento pode dar-se ou porque este faltou totalmente, ou porque faltou um dos seus requisitos essenciais, em um dos esposos ou em ambos. Evidentemente, se o consentimento faltou ou se foi viciado em ambas as partes, ele deve ser renovado por ambas as partes. Como assinala o c. 1159 § 1, se o consentimento faltou ou foi viciado só numa das partes, ele deve ser renovado por essa parte, desde que na outra parte perdure o consentimento dado inicialmente (GHIRLANDA, 2003).

Conforme cita GIL, 1985, p. 518:

> se a falta de consentimento é pública, conforme o c. 1074: podendo-se provar [no foro externo], é necessário que o consentimento seja dado de acordo com a forma canônica (c. 1159 § 3). Se a falta de consentimento é oculta, c. 1159 § 2, é suficiente que a parte que não havia consentido o preste privadamente e em segredo.

A diferença com o c. 1136 do *CIC* de 1917 é que na atual legislação, também conhecida como Paulo-Joanina, se abandona a terminologia *interna-externa* em favor de *público-oculto* no sentido de poder provar-se.

2.3 CONVALIDAÇÃO DE UM MATRIMÔNIO INVÁLIDO POR DEFEITO DE FORMA CANÔNICA (c. 1160)

A forma canônica pode ter sido omitida totalmente, escolhendo-se uma forma diversa, por exemplo, a forma civil, quando se é obrigado à forma canônica; ou só em parte, se faltou algum requisito essencial como, por exemplo, a delegação para o assistente. De qualquer modo, segundo o c. 1160, é sempre requerida uma nova celebração do matrimônio na forma legítima, salvo o que está prescrito para os matrimônios mistos (c. 1127 § 2).

No caso em que a renovação do consentimento fosse moralmente impossível e a invalidade dependesse somente de vícios de forma, pode-se seguir a via da sanação radical. Essas situações podem verificar-se especialmente se uma das partes não é católica ou não tem fé ou não quer reconhecer a ineficácia do consentimento anteriormente expresso diante do oficial civil ou do ministro do culto acatólico. Outra situação pode ser também a do cônjuge católico que contraiu em boa fé e jamais teve conhecimento da invalidade do matrimônio, e uma informação sobre sua situação poderia gerar uma grave perturbação interior.

As orientações para convalidação de um matrimônio nulo são esquematizadas por ROMAN, 1999, p. 71:

> 1) Se for nulo pela existência do impedimento, antes de convalidá-lo é necessário que o impedimento cesse ou seja dispensado.
> 2) Se o impedimento é público, o consentimento deverá ser renovado por ambas as partes, de acordo com a forma canônica.

> 3) Se o impedimento é oculto e conhecido por ambos, basta que renovem o consentimento de modo privado e secretamente, isto é, sem a presença do padre ou de testemunhas.
> 4) Se o impedimento é oculto e conhecido por uma só das partes, basta que esta somente renove o consentimento de um modo privado e secretamente.
> 5) Se o defeito é de consentimento, se requer a renovação do consentimento somente da parte que prestou invalidamente.
> 6) Se a falta de consentimento é pública, então, deve prestar-se pelos dois de forma canônica.
> 7) Se a falta de consentimento é oculta, basta que seja prestado privadamente e secretamente por parte daquele que não o havia feito.
> 8) O matrimônio que for nulo por defeito de forma, deverá celebrar-se novamente de acordo com a forma canônica.

A convalidação pode exigir ou não a renovação do consentimento. Para HORTAL *in* CÓDIGO DE DIREITO CANÔNICO, 2008 comentário do c. 1158:

> a renovação do consentimento se impõe obrigatoriamente em três casos: a) quando o *impedimento* dirimente é *público* (c. 1158); b) quando a *falta de consentimento* pode ser *provada* (c. 1159); c) quando houve *falta de forma* (c. 1160). O impedimento 'público' entende-se com publicidade de direito, ou seja, que possa ser provado em forma jurídica, ou porque consta em documento público ou porque o fato que lhe está na base foi cometido em tais circunstâncias ou divulgado de tal forma que já não se possa ocultar de jeito nenhum.

Entretanto, dado que os impedimentos e a forma são elementos extrínsecos ao consentimento, quando este coexiste "encontramo-nos no suposto que o Código de 1917 [no c. 1139] chamava de 'consentimento *naturalmente suficiente*[12], mas *juridicamente ineficaz*[13]'" (*Id.*, 2006, p. 163 – *grifo e nota de rodapé nossa*), ou seja, os impedimentos e a forma canônica não afetam intrinsecamente o consentimento, mas como foi dito, afetam apenas extrinsecamente. Ter isso presente é fundamental para se compreender a legislação canônica sobre a revalidação de matrimônios nulos: "quando a nulidade é extrínseca ao próprio matrimônio, pode ser suprida por uma intervenção extrínseca da autoridade [*sanatio in radice*, por exemplo, que será apresentada num capítulo à parte]; mas quando a nulidade é intrínseca, só pode ser sanada por um ato dos nubentes" (*Ibid., p. 164).*

---

[12] "O consentimento 'naturalmente suficiente' é aquele em si mesmo perfeito como ato psicológico - ou seja, aquele que tem em si todas as potencialidades para ser um verdadeiro consentimento conjugal – porque, a título de exemplo, não intrinsecamente defeituoso por intenções distorcidas, ou não viciado por causas extrínsecas" (BIANCHI, 2003, p. 360).

[13] "O consentimento 'juridicamente eficaz' é aquele apto a produzir efetivamente no mundo do direito os seus frutos – porque se dirige de fato a um objeto matrimonial, ou por ser expresso sob aquelas formas que a lei considera essenciais para sua própria existência" (*Ibid.*).

Para que se fale em nulidade ou invalidade do matrimônio, é necessário que se disponha de um ato que imite, de alguma maneira, o verdadeiro casamento canônico. Dessa forma, o ato civil de pessoas que estão obrigadas à forma canônica não é um "matrimônio nulo", mas um "matrimônio inexistente", o que não incorre em impedimento de vínculo. Entretanto, do ponto de vista pastoral, faz-se bem em não ignorar as relações *de fato* existentes que possam derivar da união civil.

Quando se está diante de um matrimônio viciado de nulidade, segundo HORTAL, 2006, o ideal teórico seria a sanação dessa nulidade, tirando o obstáculo que se opunha à validade (o impedimento) ou acrescentando os elementos que faltaram (a forma ou o consentimento válido). Em todo caso, o matrimônio nulo é uma anormalidade que deve ser remediada logo que se tiver consciência dela. Na prática, as situações são muito mais complexas e não se pode dar uma receita uniforme; entretanto, podem-se elencar as seguintes hipóteses e possíveis soluções:

a) A nulidade é *sanável* e as partes, *cônscias* dela, *aceitam* essa sanação. O lógico será proceder com a sanação, desde que as pessoas queiram manter a união matrimonial.

b) A nulidade é *sanável,* mas as partes *não são cônscias* dela. Neste caso, a prudência dirá o que fazer, se deixar as partes provisoriamente na boa-fé e proceder à *sanatio in radice* ou se falar abertamente, a fim de procurar uma revalidação simples ou a superação definitiva dos pseudocônjuges, com o correspondente processo de nulidade.

c) A nulidade é *sanável,* mas as partes, *cônscias* dela, *se negam* a que o matrimônio seja convalidado. Deverá procurar-se, quanto antes, uma declaração de nulidade, para que esta conste legitimamente.

d) A nulidade é *insanável* (por tratar-se de um impedimento não-dispensável ou de uma incapacidade permanente para dar um verdadeiro consentimento matrimonial). Por outro lado, as partes são *cônscias* dessa nulidade. Como é lógico, deverá procurar-se a declaração correspondente pela autoridade legítima.

e) A nulidade é *insanável,* mas as partes *não são cônscias* dela. Mais uma vez, a prudência pastoral dirá se se deve deixar o casal na boa-fé ou não. Nessa determinação, pesará tanto o possível escândalo de terceiros quanto a previsão do impacto que a tomada de consciência poderá produzir no casal.

3 SANATIO IN RADICE

A *sanatio in radice* (cc. 1161-1165 do *CIC* e 848-852 do *CCEO*) é a convalidação extraordinária, contraposta à ordinária ou simples, de um matrimônio nulo por defeito de forma ou pela presença de impedimento(s); em outras palavras, no caso de um matrimônio válido, mas juridicamente ineficaz. A *sanatio in radice* é concedida pelo Romano Pontífice ou, caso por caso, pelo bispo diocesano ou por quem o Direito equipara ao bispo diocesano (cc. 381 e 368), ou ainda por quem recebeu tal delegação do Papa ou do bispo diocesano (cf. c. 134 § 3), mas *ad casum tantum*.

Para CIFUENTES, 1990, p. 466, a *sanatio in radice*:

> é uma figura realmente extraordinária e interessantíssima no campo do direito, até o ponto que o *CIC* de 1917, bem como a doutrina correspondente, a apresentarem em geral como modelo de algo que sai da realidade, de uma autêntica *ficção jurídica*[14]. [...]. Mas verdadeiramente – sem apelar à *ficção* – poderíamos dizer que é um instituto jurídico incomum. [...]. Contudo nunca poderá ser tão extraordinária, que substitua o consentimento.

---

[14] É na questão da *fictio iuris* que se encontra a nota mais característica da sanação extraordinária. O c. 1161 § 1 diz que a sanação traz consigo a retroação dos efeitos canônicos. Entende-se que a retroação se estende até o momento em que se celebrou o matrimônio, a não ser que se diga expressamente outra coisa (c. 1161 § 2). É precisamente por isso que a sanação se chama *in radice* porque ela sana na raiz. Em relação aos efeitos jurídicos, estes não produzem a sua eficácia *"ex nunc"*, mas *"ex tunc"*, ou seja, no momento em que foi contraído o matrimônio nulo, tal como se o matrimônio válido tivesse sido contraído em vez do matrimônio nulo. E também por isto os filhos não são considerados legitimados, como no caso da convalidação simples, mas legítimos. A figura da *fictio iuris* irrompeu no campo da história jurídica para solucionar problemas concretos, por exemplo, problemas sucessórios, inclusive com implicações de sucessão ao trono. Os canonistas tinham que justificar o fato extraordinário de que um matrimônio inválido surtisse efeitos como válido. E isto sem a renovação do consentimento. Seguindo uma concepção inadequada do direito, que sustentava que os efeitos jurídicos emanavam *"ex natura rei"*, isto é, da própria natureza das coisas, parecia necessário fingir a existência do matrimônio válido para atribuir-lhe efeitos canônicos. Utilizaram então um instrumento, a *"fictio iuris"*, o que não era absolutamente necessário. Concretamente, parece despropositado ter que *fingir* a existência do matrimônio válido para outorgar os efeitos correspondentes, porque, ao fingir *o fato,* sem limitação alguma, finge-se algo que é ao mesmo tempo inseparavelmente contrato e sacramento. E o sacramento não se pode fingir *["não existe um matrimônio da vida e outro do direito: existe um único matrimônio, o qual é constitutivamente um vínculo jurídico real entre o homem e a mulher; um vínculo sobre o qual se apóia a autêntica dinâmica conjugal de vida e de amor. O matrimônio celebrado entre os esposos, aquele do qual a pastoral se ocupa, é o mesmo do qual se ocupa a doutrina canônica: são uma única realidade natural e salvífica".* Bento XVI, 2011]. Comentadores afirmam que o código de 1917 dizia que "finge-se o matrimônio só quanto aos efeitos jurídicos". Hoje, sabe-se que não é necessária uma operação extraordinária como fingir realidades. O legislador pode outorgar os efeitos jurídicos do matrimônio válido *"ex tunc"*, fazendo-os retroceder, equiparando formalmente aos efeitos canônicos o matrimônio nulo e o válido porque isso lhe parece justo; e basta. Por isso, o código atual, ao omitir a fórmula *"per fictionem iuris"*, tirou da *sanatio* um ônus anacrônico desnecessário, pois a Igreja pode sanar um matrimônio na raiz quando o impedimento que se faz presente tenha cessado. Não é um problema de ficção, mas de normal trabalho legislativo. Tudo isso, porém, não tira da *sanatio in radice* o seu caráter extraordinário (CIFUENTES, 1990).

3.1 PRIMEIRO PRESSUPOSTO FUNDAMENTAL

A *existência do consentimento* é um pressuposto absolutamente necessário, como indica o c. 1057. A este respeito, segundo CIFUENTES, 1990 deveríamos distinguir dois aspectos importantes:

1) A natureza do consentimento naturalmente suficiente: significa o consentimento mínimo para que possa ser chamado de consentimento matrimonial ou de adesão a uma união matrimonial, e não de adesão a uma relação puramente de fornicação. Pode, assim, surgir o questionamento acerca da suficiência do matrimônio civil. Cabe dizer que a doutrina diverge nesse ponto, mas a balança se inclina em seu favor, porque a jurisprudência se manifestou neste sentido. Veja-se como exemplo, o c. 1071 §1, 2º, que proíbe, exceto em caso de necessidade, sem a licença do Ordinário local, assistir a um matrimônio que não possa ser reconhecido ou celebrado civilmente. Em determinadas condições, o matrimônio civil é pressuposto suficiente para a *sanatio in radice.* Ainda para CIFUENTES, 1990, pp. 468-469, pode-se avaliar até que ponto certas situações matrimoniais representam um consentimento naturalmente suficiente, a partir do que se segue:

> É preciso [...] levar em consideração a sensata opinião de REGATILLO: 'Para conhecer a intenção dos contraentes no rito civil, deve-se estar atento às circunstâncias de tempo, lugares e pessoas. Nas circunstâncias normais, os bons católicos que realizam antes do casamento canônico o civil, como se prescreve e costuma em algumas nações, *presume-se que pelo ato civil não pretendiam senão uma mera cerimônia ou formalidade prévia e necessária para que o futuro matrimônio canônico tivesse efeitos civis'.* Este caso pode acontecer no Brasil. E nestes termos não haveria base suficiente para a *sanatio.* E o *concubinato?* BERNARDEZ escreve: 'Em princípio deverá ser considerado como uma simples união de fornicação, mas também poderia estar inserido dentro do concubinato um sincero desejo de viver de acordo com o modelo do matrimônio natural, especialmente naqueles países em que não se exige uma formalidade civil para legitimar as relações matrimoniais. A possibilidade de revalidação dependerá da comprovação do consentimento matrimonial'. Poderíamos multiplicar as questões, especialmente hoje, quando são tão comuns uniões de fato, os matrimônios informais (casamentos 'hippies', etc.), que repudiam qualquer forma 'estrutural', etc. Mas não podemos alongar os pressupostos ilimitadamente. [...]. É preciso antes questionar qual é a medula jurídica desse consentimento *naturalmente suficiente* para depois, através dela, [...] avaliar cada pressuposto. HERVADA defende esta ideia de uma maneira tecnicamente perfeita, e com desdobramentos humanos de grande riqueza: o decisivo para que esse consentimento seja naturalmente suficiente é '*a vontade de compromisso,* de aceitar o outro e de entregar-se a ele como esposo ou como esposa, numa relação permanente, tipificada pelos três *bona matrimonii: bonum prolis, bonum fidei e bonum sacramenti.*

2) Os momentos em que este consentimento naturalmente suficiente se pode verificar: no primeiro momento da celebração do matrimônio nulo (consentimento originário); pode ter aparecido (consentimento sobrevindo) ao longo da vida matrimonial; ou, enfim, pode ter-se configurado pela renovação imposta pela autoridade eclesiástica como condição prévia à subsanação (consentimento renovado como condição imposta). A sanação na raiz pode ter como suporte não apenas o *consentimento originário suficiente,* mas também aquele *sobrevindo:* "Se não houve o consentimento desde o início, mas depois foi dado, pode ser concedida a sanação desde o momento em que foi dado o consentimento" (c. 1162 § 2). A Igreja pode ainda *exigir a condição de renovar o consentimento* para assegurar a existência do mesmo no caso em que este resulte duvidoso. Vale dizer que, neste caso, a sanação não se produz em virtude da renovação, como acontece na convalidação simples, mas por força da autoridade eclesiástica. A renovação opera como condição ou pressuposto para que a sanação na raiz possa ter eficácia. Essa figura, sem deixar de ser *sanatio in radice*, deve ser considerada uma *sanatio in radice imperfeita ou parcial,* já que não opera naturalmente todas as suas poderosas virtualidades.

3.2 SEGUNDO PRESSUPOSTO FUNDAMENTAL

É indispensável a *permanência do consentimento* no momento em que se opera a *sanatio in radice.* Para CIFUENTES, 1990, p. 470 "o matrimônio real e verdadeiro só nasce a partir da *sanatio* e é nesse momento em que o consentimento das duas partes deve estar presente de modo simultâneo".

Faz-se importante, portanto, analisar, ainda:

1) Em que consiste a perseverança do consentimento. Rafael Llano CIFUENTES, *ibid.*, p. 470, destaca que:

> LOMBARDIA responde a essa pergunta com muita acuidade: trata-se [...] de uma das noções mais difíceis do Direito matrimonial canônico, à qual temos que nos referir com maior claridade e brevidade. Antes de mais nada, vejamos *o que não pode ser* a perseverança do consentimento. Não pode ser o vínculo conjugal, já que nos supostos em que a perseverança se leva em consideração, o vínculo não se produziu por ter resultado nula a aliança: nem pode ser o ato de vontade, manifesto em um concreto momento do tempo, do qual não faz sentido falar de perseverança, sendo como é de natureza

> transeunte. A perseverança é – como tem precisado HERVADA – um estado de vontade, de uma fundamental e radical aceitação do estado de vida, em virtude da qual a vontade permanece em estado de adesão – fundamental e radical – àquilo que foi assumido. O ato de contrair matrimônio [...], entendido como ato de vontade pelo qual os contraentes se dão e entregam como esposos, é um ato transeunte, mas permanece – persevera – como estado da vontade; *e esse estado da vontade, que consiste em uma fundamental e radical aceitação mútua como esposos, é precisamente o que se entende por consentimento perseverante.* [Esse] modo de conceber a perseverança representa uma notável inovação a respeito da doutrina clássica que costuma entendê-la como *a perseverança na intenção de aceitar e entregar o "ius in corpus".*

2) Como a perseverança do consentimento pode desaparecer pela revogação. Para HERVADA *apud* CIFUENTES, 1990, p. 471:

> a revogação do consentimento se produz em todos os casos em que *cessa o estado de vontade ou radical aceitação* – feita com gosto ou sem gosto – de continuar sendo e se considerando marido e mulher, *quando há uma vontade firme e obstinada de deixarem de ser cônjuges.*

Ainda em linhas gerais, para MOSER, 2009, pp. 106-107, o dispositivo jurídico da sanação na raiz:

> É o modo extraordinário de sanar um matrimônio nulo. A sanação radical não exige a renovação do consentimento. Ela acontece por uma intervenção da autoridade competente (portanto, é convalidação de caráter extrínseco) e implica a dispensa do impedimento, se existir, bem como da forma canônica, se não tiver sido observada, como também tem valor retroativo (c. 1161). A sanação radical supõe que o consentimento foi válido e permanece íntegro até o momento em que ela ocorre. Por exemplo, dois nubentes exprimem sua vontade sincera e a manifestam de forma externa de se unirem em comunhão de vida matrimonial, todavia, o fazem sem a forma canônica ou seu equivalente determinado pelo Direito (digamos, diante de um ministro assistente que não tem delegação para assistir ao matrimônio validamente): esse é um caso em que se pode aplicar a sanação radical.

A rigor, o caso anteriormente citado, não deveria ser aplicado nos casos de católicos que se casam apenas civilmente, ou vivem (homem e mulher) na que se chama união de fato, dado que estes estão obrigados à forma canônica, e para a Igreja Católica o casamento civil não é considerado matrimônio nulo, mas sim, inexistente. Entretanto, como já foi explicitado, a sanação na raiz "caracteriza-se essencialmente por implicar a valorização da persistência do consentimento como ato psicológico" (BIANCHI, 2003, p. 367), ou seja, para se aplicar a sanação na raiz basta que se verifique a existência de autêntica vontade de comunhão conjugal, que tal vontade tenha sido expressa externamente e que não tenha sido revogada. "Pastoralmente, pode-se aplicar a sanação radical nos casos de casamento civil e mesmo de outras uniões de fato; não no caso de concubinato, a não ser que este, aos poucos, tenha evoluído para autêntica comunhão conjugal" (MOSER, 2009, p. 108). Entretanto,

> a Igreja católica é muito prudente ao avaliar estes tipos de uniões. Por isso, dificilmente se consegue o decreto de sanação. Porém, se for comprovado que o consentimento dado em modo natural não foi e não está sendo prejudicado, não vemos motivos para não concedê-lo. É claro que o casamento civil é uma garantia a mais. Contudo, não bastam os papéis, se a prática é ou poderá ser outra (MÜLLER, 2012).

Seguramente, portanto, a *sanatio in radice* pode ser concedida quer no caso frequente de matrimônio celebrado anteriormente só com rito civil, quer no caso de união conjugal mediante o consentimento naturalmente válido, sem qualquer celebração. É o que diz CORSO *in* Direito & Pastoral, 1999, p. 64, afirmando que:

> tal importância pastoral, [...], decorre sobretudo da possibilidade de regularizar uma situação matrimonial, [...], trazendo a paz e a participação eclesial plena de quem o deseja e o procura ardentemente, mas que fica impedido de fazê-lo porque o outro "cônjuge" não admite, pelos motivos mais variados e até mais banais, fazer a *convalidação simples* do matrimônio, celebrado ordinariamente só por *rito civil* ou consolidado só pelo *direito natural*, mas que ao mesmo tempo persiste em sentir-se e dizer-se perfeitamente unido em matrimônio, a ponto de não admitir qualquer necessidade de uma renovação ou primeira manifestação do consentimento já dado sem que fosse então observada a forma canônica.

É da mesma opinião, Luigi Chiappetta, sustentando a posição de que "é possível a sanação radical de um casamento civil, desde que o consentimento prestado na celebração seja naturalmente válido e eficaz" (CHIAPPETTA, 1988, p. 287). De mais a mais,

> Somente a partir da controvérsia com os Protestantes (séc. XVI) houve a obrigatoriedade dos batizados católicos ao matrimônio na Igreja. A Igreja, a partir do Concílio de Trento, manifestou oficialmente o desejo de proteger seus fiéis contra os matrimônios clandestinos. Assim, decretou que todos os matrimônios deveriam ser celebrados de acordo com a forma canônica [cf. capítulo 1.3 deste texto], desde que não fossem em contraste com a legislação civil. A forma canônica consistia na celebração feita diante do pároco, ou um sacerdote, ou diácono delegados por ele e na presença de duas ou mais testemunhas (Decreto *Tametzi*). A forma canônica, apesar de seus altos e baixos, somente passou ser obrigatória em toda em toda a Igreja a partir de 1907 (Decreto *Ne temere*) (MÜLLER, 2012) .

Não se podem esquecer os pressupostos ou condições essenciais para que se possa fazer uma sanação na raiz, já elencadas anteriormente, que, em síntese, exige que os cônjuges tenham querido unir-se mediante o consentimento matrimonial, sem o qual não pode haver, por direito natural, matrimônio algum (cf. c. 1057) e que tal consentimento persista ao ser concedida a *sanatio in radice* (cf. c. 1163), dado que esta é um ato de reconhecimento (c. 112 § 1). Daí deriva também a disposição explícita e altamente pastoral do c. 1161 § 3: "não se conceda a *sanatio in radice*, se não for provável que as partes queiram perseverar na vida conjugal" e do c. 1162 § 1: "se em ambas as partes ou numa delas falta o consentimento, o matrimônio não pode ser objeto de *sanatio in radice*, quer o consentimento tenha faltado desde o início, quer tenha sido dado no início, mas depois tenha sido revogado".

O c. 1161 § 2 define que "a convalidação tem lugar desde o momento em que se concede a graça; mas a retroação se entende feita até o momento da celebração do matrimônio, a não ser que expressamente se determine outra coisa". Dessa forma, fica bastante claro que a validade do matrimônio se produz com a sanação na raiz, entretanto, os seus efeitos sobre as relações decorrentes do matrimônio (filiação, regime econômico de heranças, etc...) retroagem ao momento da celebração. No mesmo cânon, porém no § 3 aparece uma norma elementar de prudência: "não se conceda a *sanatio in radice* se não for provável que as partes queiram perseverar na vida conjugal". Todavia, se a norma não for seguida e se conceder a sanação a um matrimônio que é improvável que persevere, este será válido, a menos que a probabilidade de os cônjuges não quererem perseverar na vida conjugal contenha, no caso concreto, uma revogação do consentimento, coisa que por si só não acontece.

É interessante observar que a sanação na raiz não implica dois atos – dispensa do impedimento ou da forma canônica e a sanação – mas um único ato de reconhecimento, ou seja, a *sanatio in radice* é um dispositivo declarativo. A Igreja, usando do poder das chaves, declara que sana na raiz a causa do ato que foi nulo. Tal reconhecimento não se dá em virtude da lei, mas pelo ato da sanação que envolve o relaxamento da lei, ou seja, a dispensa do impedimento ou da forma.

Uma novidade em relação à legislação anterior está no c. 1163 § 2 quando diz que "o matrimônio nulo por impedimento de direito natural ou divino positivo só pode ser sanado depois de cessado o impedimento". O *CIC* de 1917 não admitia sanação em tais casos.

Com relação ao c. 1164, pode-se dizer que, pelo fato de a sanação na raiz ser um ato da autoridade eclesiástica que reconhece a eficácia jurídica do matrimônio, não se faz necessário notificar os cônjuges acerca da sanação, pois o reconhecimento não está submetido à vontade dos destinatários. Contudo, é prudente, por parte da autoridade, dar, conhecimento às partes interessadas a respeito da sanação a se realizar. Não seguir essa norma da prudência é uma atitude jurídica e moralmente ilícita, mas que não afeta a validade da sanação, caso venha a ser concedida.

São competentes para proceder com à *sanatio in radice* a Santa Sé e o bispo diocesano, ou um delegado do mesmo; porém, quando a nulidade tiver sido causada por um impedimento, a competência do bispo diocesano fica limitada aos matrimônios nulos por impedimentos que ele pode dispensar. O fato é que a sanação na raiz implica a dispensa do impedimento e, em consequência, o bispo diocesano não pode sanar na raiz um matrimônio, se não pode dispensar do impedimento. Vale ressaltar que a Santa Sé reserva para si a sanação na raiz de matrimônios nulos por impedimentos de direito natural ou divino positivo que deixaram de existir (LOMBARDIA *et al in* CODIGO DE DERECHO CANONICO, 1984).

3.3 A *SANATIO* DE MATRIMÔINIO NULO POR *FALTA DE FORMA*

O c. 1161 assegura que a sanação pode ser operada quando há defeito de forma, possibilitando mais uma vez a visualização da força *extraordinária* que possui este dispositivo jurídico. Na convalidação simples, na ausência da forma canônica, a convalidação era dita imprópria, haja vista que não se tratava de uma revalidação, em última instância, mas sim de uma nova celebração (cf. c. 1161). No caso da *sanatio in radice* não é assim. Diz CIFUENTES, 1990, p. 473:

> [na *sanatio*] dispensa-se a forma (c. 1161) e se considera *suporte básico bastante apenas o consentimento naturalmente suficiente.* Há aqui, pois, uma nova e extraordinária exceção: a convalidação não precisa partir de um *matrimônio nulo,* pode partir do *matrimônio inexistente* porque [...] o consentimento naturalmente suficiente pode ser prestado por católicos no matrimônio civil, ou em outras formas consideradas por nós *matrimônios inexistentes* (sem aparência de matrimônio católico), sempre que estiver presente [...] *a vontade de compromisso* de aceitar o outro e de se entregar a ele como esposo e esposa numa relação permanente tipificada pelos três *"Bona matrimonii".*

ZYGALA, 2006, pp. 150-157 assim sintetiza a conveniência de uma sanação *a iure* do matrimônio nulo por falta da forma canônica:

INOBSERVÂNCIA TOTAL DA FORMA CANÔNICA	VÍCIOS NOS REQUISITOS LEGAIS DA FORMA CANÔNICA
Matrimônio civil de católicos	Falta de delegação para a testemunha qualificada
Uniões incompatíveis com a sanação na raiz: uniões de fato	

3.4 A *SANATIO* DE MATRIMÔNIO NULO POR *IMPEDIMENTO DIRIMENTE*

Aqui surge o problema dos *impedimentos de direito natural e de direito divino positivo.* O c. 1163 § 1 diz que "pode sanar-se o matrimônio nulo por impedimento sempre que persevere o consentimento de ambas as partes". Entretanto, o mesmo cânon, no § 2, normatiza que "o matrimônio nulo por impedimento de direito natural ou divino positivo só pode ser sanado depois de cessado o impedimento". Dessa forma, a Igreja proclama que tem o *poder* e, portanto está aberta ao *querer*, de sanar os matrimônios nulos por impedimento de direito natural e de direito divino positivo, depois de cessado o impedimento.

No c. 1139 *CIC* de 1917 se dizia que "se o matrimônio se celebrou com algum impedimento de direito natural ou divino, *a Igreja não o subsana na sua raiz, ainda que o impedimento tenha cessado depois, nem sequer desde o momento em que cessou"* (CIFUENTES, 1990).

No que diz respeito, ainda, à sanação ou não *"a iure"* do matrimônio nulo por causa de um impedimento, pode-se tomar como critério fundamental a proporção entre os bens protegidos pela lei irritante respectiva, de um lado, e os derivados da possível sanação *ipso iure,* de outro. A plena compatibilidade e congruência entre essas duas dimensões indicarão a potencial sanação *a iure.* Ao contrário, quando aparece qualquer risco danoso ou lesivo dos bens, se estará diante de nulidade sanável pela via ordinária, ou seja, com a intervenção da autoridade eclesiástica competente. Todavia, a desproteção dos bens e sua previsível lesão excluem por completo a possibilidade de sanação, quando se estará, portanto, diante de nulidade insanável.

Esquematicamente, a fim de discernir acerca da possibilidade da sanação na raiz ou não, ZYGALA, 2006, pp. 132-150, assim enquadra os impedimentos:

<table>
<tr><th>NÃO DISPENSÁVEIS NEM SANÁVEIS</th><th>SANÁVEIS, MAS NÃO “A IURE”</th><th>SANÁVEIS “A IURE”</th><th>ESPECIAIS (potencialmente sanáveis “a iure”)</th></tr>
<tr><td>Vínculo</td><td>Rapto</td><td rowspan="8">Idade</td><td>Vínculo em caso de “morte presumida”</td></tr>
<tr><td>Consanguinidade</td><td>Crime</td><td>Consanguinidade no quarto grau da linha colateral</td></tr>
<tr><td rowspan="6">Impotência</td><td>Disparidade de culto</td><td>Impotência que tenha sido curada</td></tr>
<tr><td>Consanguinidade no terceiro grau da linha colateral</td><td rowspan="5">Disparidade de culto quando a parte não batizada recebe o batismo</td></tr>
<tr><td>Afinidade</td></tr>
<tr><td>Honestidade pública</td></tr>
<tr><td>Ordem sagrada e voto público perpétuo de castidade</td></tr>
<tr><td></td></tr>
</table>

3.5 A *SANATIO* DE MATRIMÔNIO NULO POR *DEFEITO OU VÍCIO DO CONSENTIMENTO*

Podem-se analisar também as questões relativas à *sanatio in radice* desde o ponto de vista das nulidades causadas por defeito ou vício do consentimento. A reflexão neste ponto se faz em torno da dúvida acerca da validade ou não de um consentimento sobrevindo posteriormente, como força suficiente para sanar *a iure* um matrimônio nulo. Em outras palavras, trata-se de ver a *sanatio in radice,* não somente como um remédio para a nulidade produzida por um impedimento ou defeito de forma, mas também por vício inicial, desde o consentimento subsanado posteriormente.

Assim é possível sintetizar os casos de sanação quando ocorre defeito ou vício do consentimento segundo ZYGALA, 2006, pp. 157-173:

DEFEITOS OU VÍCIOS DE CONSENTIMENTO SANADOS *"A IURE"*	**DEFEITOS OU VÍCIOS DE CONSENTIMENTO INSANÁVEIS**
Ignorância	Incapacidade consensual *(falta de suficiente uso da razão, discrição de juízo, aptidão para assumir as obrigações essenciais do matrimônio)*
Dolo	Erro de fato
Violência	Simulação total
Medo grave	
Simulação parcial	
Condição	

3.6 O POSICIONAMENTO DAS PARTES NA *"SANATIO IN RADICE"*

Sendo a *sanatio* um ato da autoridade eclesiástica, não é necessário que se informe aos cônjuges a sanação, nem mesmo que a petição seja de ambas ou de uma das partes. Isso se deduz do c. 1164 quando destaca que "a sanação pode ser concedida validamente, mesmo sem o conhecimento de uma das partes ou de ambas; não se conceda, porém, a não ser por causa grave[15]". Por ser um ato extraordinário da autoridade, esta, sem prescindir da decisão das partes, ultrapassa e domina a ação em benefício das partes, da família constituída e da edificação das almas; ou seja, sendo um ato da autoridade jurídica, não está submetida à vontade dos destinatários. Todavia, é parte da prudência da autoridade, fazer com que as partes interessadas conheçam a sanação que se vai processar.

[15] Esta cláusula *"ne autem concedatur nisi ob gravem causam"* não estava no código de 1917, mas era pacificamente aceita pela doutrina. As causas que a doutrina, em geral, julga suficientes, segundo CIFUENTES, 1990 são essas:

1) quando se teme que uma das partes, ao menos, peça a nulidade ao ser notificada sobre a nulidade dos casamentos e pedir-lhe a renovação do consentimento;

2) quando não é possível revelar a nulidade do casamento sem descobrir o próprio delito ou desonra;

3) se ambas as partes ignoram a nulidade e não é prudente adverti-las porque faz muito tempo que estão casados, com filhos, e lhes contristaria gravemente saber que o seu matrimônio é nulo;

4º) se a nulidade provém de parte do Ordinário, do pároco, ou do sacerdote assistente (frequentemente por falta de delegação);

5º) quando uma das partes é acatólica ou descrente e se nega a praticar qualquer ato perante a autoridade eclesiástica.

Se a petição é feita apenas por uma das partes, aplica-se a *sanatio* de modo especial, quando se prevê que esta parte não vai querer pedir a sanação nem renovar o consentimento por causa de motivos pessoais, preconceitos religiosos, etc... Também se justifica a *sanatio* sem informar a outra parte quando se teme que, informada a nulidade, a outra parte revogue o consentimento ou apresente a ação de nulidade matrimonial perante um tribunal Eclesiástico competente.

A petição pode ocorrer também por parte de um terceiro, como afirma CIFUENTES, 1990, p. 478:

> Pode dar-se quando o pároco ou o bispo, conhecendo a nulidade do matrimônio, estima oportuno impetrar a concessão sem notificar as partes, pelo perigo de que estas possam revogar o consentimento. Os filhos, igualmente, podem solicitar a sanação na raiz, ignorando os pais, para subsanar a situação irregular dos seus pais e obter a própria legitimidade. Enfim, podem promover-se *sanações em raiz gerais* para revalidar um conjunto de matrimônios nulos, especialmente por falta de competência do sacerdote assistente [um grupo numa paróquia, por exemplo]. [...]. 'Enquanto a sanação em raiz se pode conceder sem conhecimento das partes, *não se conceda contra a vontade expressa ou presumida de ambos os cônjuges.* Acrescentamos, porém, que é norma de prudência mas, se se contraria [a vontade dos interessados], não afeta a validade da *sanatio.*

3.7 A AUTORIDADE COMPETENTE

O atual c. 1165 estabelece que:

> § 1 A *sanatio in radice* pode ser concedida pela Sé Apostólica.
> § 2 Pode ser concedida pelo bispo diocesano, caso por caso, ainda que concorram vários motivos de nulidade no mesmo matrimônio, observando-se as condições mencionadas no c. 1125 para a sanação do matrimônio misto; mas não pode ser concedida pelo bispo diocesano, se existe impedimento cuja dispensa está reservada à Sé Apostólica, de acordo com o c. 1078, § 2, ou se trata de impedimento de direito natural ou divino positivo que já cessou.

Nota-se, portanto, a partir da exposição de CIFUENTES, 2009, pp. 479-480, que os bispos diocesanos podem dispensar na raiz em todos os casos, exceto nos seguintes:

> 1) sanação em série, em geral, tem que ser caso por caso [não confundir, porém, com os casos de grupos, em paróquias, por exemplo, que podem ser sanados coletivamente];
> 2) matrimônios nulos por impedimentos reservados à Sé Apostólica (c. 1078 § 2);
> 3) matrimônios nulos por impedimentos de direito natural ou divino positivo que já cessaram. Estes, porém, como sabemos (c. 1163 § 2), podem ser dispensados, mas só pela Sé Apostólica (c. 1165 § 1). Esta última limitação

> [...] 'é, a nosso entender, puramente histórica e hoje carece de fundamento'. Com efeito, historicamente, a sanação em raiz originou múltiplos protestos por parte das autoridades civis, porquanto implicava outorga de direitos sucessórios [...] de filhos que careciam desse direito se não interferisse a sanação em raiz. Essa dificuldade se suprimiu ao permitir só a sanação de matrimônios nulos por direito eclesiástico, com o qual se evitava a sanação de matrimônios nulos por impedimento de vínculo que já tivesse cessado por morte. Suprimia com isso interferências de ordem temporal. Mas hoje em dia não parece que a *sanatio* em tais supostos represente uma incidência de ordem temporal. 'Como o c. 1080 § 2 não proíbe aos párocos, nem ao legítimo representante da hierarquia, nem ao sacerdote que presencia o matrimônio celebrado a teor do c. 1116 sanar em raiz um matrimônio se existe um impedimento de direito divino já cessado, parece que *esses clérigos possuem faculdades de dispensa mais amplas que os Ordinários locais'*. Pensamos que tal surpreendente afirmação se deva ao caso em que o clérigo não tenha tempo de recorrer à Sé Apostólica e então pode efetivar a *sanatio in radice* nos casos em que a Sé Apostólica pode dispensar (c. 1180 § 2). E esta, sem dúvida, pode dispensar o matrimônio nulo por direito natural ou divino positivo depois de ter cessado (c. 1163 § 1). Mas, também é preciso levar em consideração o que estabelece o c. 87 § 2: 'se é difícil o recurso à Santa Sé e, ao mesmo tempo, há perigo de grave dano na demora, qualquer Ordinário pode dispensar dessas leis, mesmo se a dispensa for reservada à Santa Sé, contando que se trate de dispensa que ela própria costuma conceder nessas circunstâncias, salvo a prescrição do c. 291'. [Assim], [...] as faculdades dos ordinários e dos clérigos [...], [citadas anteriormente] ficam, nos casos de urgência, praticamente equiparadas. 'Em relação aos matrimônios que resultaram nulos em virtude de leis meramente eclesiásticas relativas ao consentimento, entendemos que podem ser sanadas na raiz pelo ordinário diocesano, em virtude dos cc. 87 e 1165, sempre que haja cessado a *ratio legis* de tal lei eclesiástica relativa ao consentimento. Tal seria o caso do matrimônio que resultou nulo por causa da condição de futuro, depois que a condição se cumpriu. O mesmo caberia dizer do matrimônio em razão de dolo ou medo, desde o momento em que o que sofreu medo ou padeceu o engano, cessado o medo ou o engano, aceita a outra parte como cônjuge e solicita a sanação radical'.

3.8 CONCESSÃO, EXECUÇÃO E PRAXE PASTORAL

Pode conceder-se a *sanatio in radice* de forma perfeita ou *total;* ou de forma imperfeita ou *parcial.* A primeira diz respeito à regra comum, produzindo automaticamente a dispensa do impedimento, do defeito de forma, da necessidade de renovar o consentimento e a retroação dos efeitos jurídicos ao momento em que se contraiu o matrimônio inválido. Na segunda forma, dita imperfeita ou *parcial,* os efeitos não retroagem até o passado; ou não retroagem todos eles, caso se exija a renovação do consentimento, etc... Entretanto, a sanação será sempre perfeita e total se não for advertido expressamente do contrário (c. 1061 § 2). Segundo indicação de CIFUENTES, 2009, p. 481, a *sanatio* é concedida:

> mediante rescrito em forma graciosa ou comissória. A primeira surte seus efeitos desde o momento da concessão; a segunda, desde o momento da

> execução. A execução da *sanatio* pode constar de duas atuações principais: a notificação aos interessados [normalmente é suficiente a aceitação de uma das partes, entretanto esta aceitação não condiciona a eficácia do rescrito a não ser que no próprio rescrito se exija] e a inscrição registrada [é necessário atenção na sanação concedida no *foro externo* – que se inscreve nos registros paroquiais ordinários; e a concedida para o *foro interno* – que tem que ser inscrita no livro do arquivo secreto da cúria quando se tenha concedido no *foro interno extrassacramental*, já que a concedida no *foro interno sacramental* não necessita de anotação], além de outras cláusulas que porventura puder levar também o rescrito.

Na prática, para se obter a *sanatio in radice*, de modo particular quando só uma das partes não admite a convalidação simples, basta apresentar à Sé Apostólica ou ao bispo diocesano o pedido, assinado pelo suplicante, em que exponha todos os dados do caso em concreto, não deixando faltar a prova da celebração nula (normalmente a celebração só civil) ou do fato de uma união meramente natural; a garantia da persistência do consentimento dos cônjuges, a prova da eventual oposição do outro cônjuge à *convalidação simples,* a declaração do pároco, ou de quem faz as suas vezes, de que se trata de um caso merecedor da graça implorada, e de que foram observadas todas as exigências do direito relativas à *sanatio in radice.*

CONCLUSÃO

Após o itinerário percorrido através de uma rica bibliografia consultada, chega-se ao coroamento desta pesquisa com o sentimento de missão cumprida e seriedade acadêmica. Evidentemente, não se esgotou tudo que se poderia falar e citar acerca do matrimônio nulo, da convalidação e da sanação na raiz, mas procurou-se dar destaque àquilo que se apresenta como mais importante para o dia-a-dia na práxis pastoral.

O matrimônio, como foi largamente explicitado no primeiro capítulo pode resultar em nulidade por três motivos fundamentais: impedimentos dirimentes, vícios do consentimento e falta de forma canônica. Na atual legislação canônica, os impedimentos tidos como dirimentes em razão de sua origem. podem ser de direito divino (natural e não dispensável), como também de direito eclesiástico (positivo e dispensável). Em relação à extensão, os impedimentos podem ser absolutos ou relativos; e no que diz respeito à sua duração, classificam-se como temporários e perpétuos. Ainda podem ser classificados em razão do seu conhecimento, como públicos ou ocultos. Ganha destaque a nulidade matrimonial ocasionada por vício do consentimento, pelo fato de trazer consigo grande importância prática, dado que a maioria das declarações de nulidade matrimonial emitidas pelos Tribunais Eclesiásticos é consequência de consentimentos matrimoniais viciados, portanto inválidos. Em relação à atual legislação sobre a forma canônica que se deve observar na celebração do matrimônio, observa-se que ela foi sendo elaborada progressivamente no decurso da história. Aquilo que é motivo para declaração de nulidade por defeito de forma, hoje, nem sempre foi assim e não é de direito divino e sim positivo, o que dá crédito à *sanatio in radice* que dispensa da forma canônica.

Da convalidação do matrimônio, como foi apresentada no capítulo segundo, pode-se concluir que consiste na solução jurídica para reparar um matrimônio nulo apenas de modo aparente, haja vista que este, quando acontece, goza do favor do direito, presumindo-se sua validade. É por este motivo que a legislação canônica oferece soluções jurídicas para a reparação de tais situações. A referida solução pode acontecer de duas formas: pela convalidação simples ou pela convalidação especial da sanação na raiz. Outra solução para um casamento aparentemente nulo é a análise jurídica do mesmo e posteriormente, se for o caso, a emissão da declaração de nulidade matrimonial, com todas as suas prerrogativas inerentes.

A *sanatio in radice* que, dada sua importância na convalidação de matrimônios nulos, mereceu um capítulo inteiro, tem experimentado ao longo da história aquilo que se pode chamar de processo de decantação jurídica, plasmado na perfeição técnica das normas que atualmente a regulam. Entretanto, tem conservado sempre uma evidente continuidade em torno dos princípios e elementos essenciais que a compõe: o consentimento naturalmente suficiente, a perseverança do consentimento, o fator da *bona fides* como nota qualificadora de um consentimento naturalmente suficiente, o conceito da *fictio iuris,* mesmo sabendo-se que hoje não há necessidade de fingir a existência do matrimônio válido para outorgar os efeitos correspondentes, sua força retroativa e a legitimação da prole.

Ainda, como aspecto conclusivo do presente estudo, pode-se dizer que a instituição jurídica da *sanatio in radice* é expressão do poder jurídico da Igreja. Como definição, pode-se dizer que não é outra coisa senão um ato da autoridade que, removendo algum obstáculo irritante, permite a implantação da eficácia jurídica potencial que abarca em si toda vontade verdadeiramente matrimonial. Infelizmente, levando-se em conta certas tendências de formalismo dentro do ordenamento canônico, não se dispõe de uma *sanatio* automática, ou seja, *ipso iure*, que a rigor, teria fundamento, dado que o pressuposto básico da sanação na raiz é o consentimento perseverante, mesmo sabendo que a *sanatio in radice* é poder jurídico da Igreja. O mesmo se diria dos impedimentos que já caducaram, desapareceram com o transcurso do tempo: o que impede que sejam contemplados com uma *sanatio ipso iure*? Ou ainda, quando a inobservância de uma norma irritante foi inconsciente, por que não se pode fazer a sanação *a iure*? Os bens que são protegidos pela norma não seriam feridos, dado que, na atualidade, as uniões já são bastante protegidas civilmente, não sendo necessário o sacramento ficar em suspenso por uma proteção ilusória. Em tais casos, entretanto, a prudência pastoral deveria ser observada com bastante rigor, de modo a evitar possíveis escândalos. Deve-se admitir, todavia, que existem razões que demonstram a inconveniência da sanação automática, como, por exemplo, no caso dos defeitos de caráter permanente e daqueles que provocariam graves danos (como quando não há um amparo civil da união).

A sanação na raiz automática, compreendida da forma exposta, superaria a estreiteza e rigidez das normas que regulam o matrimônio, valorizando-se assim a dimensão natural do matrimônio assentado sobre o consentimento naturalmente suficiente, superando desta maneira o perigo do formalismo e legalismo matrimonial.

Na perspectiva moral, colher-se-iam também bons efeitos, como o fato de evitar várias relações ilegítimas, devolvendo aos cônjuges a tranquilidade e a paz de consciência. Na ótica pastoral, a sanação *ipso iure* seria um evidente sinal e instrumento da práxis da Igreja frente a um matrimônio nulo, em favor de toda a vontade matrimonial verdadeira.

REFERÊNCIAS

BENTO XVI. Discurso por ocasião da inauguração do Ano Judiciário do Tribunal da Rota Romana, 2011. Disponível em < http://www.vatican.va/holy_father/benedict_xvi/speeches/2011/january/documents/hf_ben-xvi_spe_20110122_rota-romana_po.html> Acesso em: 16 out. 2012.

BIANCHI, Paolo. Quando o matrimônio é nulo? São Paulo: Paulinas, 2003.

CAPPARELLI, Julio César. Manual sobre o matrimônio no direito canônico. São Paulo: Paulinas, 1999.

CHIAPPETTA, Luigi. Il codigo di diritto canonico: commento giuridico-pastorale. Napoli: Dehoniane, 1988.

CIFUENTES, Rafael Llano. Novo Direito Matrimonial Canônico: o matrimônio no Código de Direito Canônico de 1983: estudo comparado com a legislação brasileira. Rio de Janeiro: Marques Saraiva, 1990.

CODIGO DE DERECHO CANONICO. Pamplona: Universidad de Navarra, 1984.

CÓDIGO DE DIREITO CANÔNICO. Promulgado por João Paulo II, Papa. 18ª ed. São Paulo: Loyola, 2008.

CORSO, João. A importância pastoral da *sanatio in radice*. Revista Direito & Pastoral, nº 37. Rio de Janeiro: Instituto Superior de Direito Canônico, 1999.

DENZINGER, Heinrich. Compêndio dos símbolos, de definições e declarações de fé e moral. São Paulo: Paulinas, 2007.

GAFO, Javier; AMOR, Jose Ramon, *et al.* Matrimonio y deficiencia mental. Madrid: Universidad Pontificia Comillas, 1997.

GHIRLANDA, Gianfranco. O Direito na Igreja: mistério de comunhão, compêndio de direito eclesial. Aparecida: Santuário, 2003.

GIL, Frederico R. Aznar; DIÉGUEZ, Myriam M. Cortes; PRISCO, José San José; ZUBILLAGA, José Luis López. *Derecho Canónico II: El Derecho en la misión de la Iglesia.* Madrid: BAC, 2006.

GIL, Federico R. Aznar. El nuevo derecho matrimonial canónico. 2ª ed. Salamanca: Universidad Pontificia de Salamanca, 1985.

HORTAL, Jesus. O que Deus uniu: lições de direito matrimonial canônico. 6ª ed. São Paulo: Loyola, 2006.

HOUAISS, Antônio; VILLAS, Mauro de Salles; FRANCO, Francisco Manoel de Mello. *Dicionário Houaiss da língua portuguesa.* Rio de Janeiro: Objetiva, 2009.

JOÃO PAULO II. Acta Apostolicae Sedis 77, 1985. Disponível em <http://www.vatican.va/archive/aas/documents/AAS%2077%20[1985]%20-%20ocr.pdf> Acesso em: 10 ago. 2012.

__________________. Discurso aos oficiais e advogados do Tribunal da Rota Romana por ocasião do início do Ano Judiciário, 1999. Disponível em <http://www.vatican.va/holy_father/john_paul_ii/speeches/1999/documents/hf_jp-ii_spe_19990121_rota-romana_po.html > Acesso em: 8 jul. 2012.

__________________. Familiaris Consortio. 5ª ed. São Paulo: Loyola, 2004.

JURISWAY. Qual a diferença entre *"ex tunc"* e *"ex nunc"?* Disponível em <http://www.jurisway.org.br/v2/pergunta.asp?idmodelo=6474> Acesso em: 30 ago. 2012.

MOSER, Hilário. O sacramento do matrimônio: guia prático em perguntas e respostas. São Paulo: Salesiana, 2009.

MÜLLER, Ivo. Convalidação de uma união de fato na Igreja. Disponível em <http://paroquiavirtualfreiivo.blogspot.com.br/2012_08_01_archive.html> Acesso em 04 set 2012.

__________________. Casado no civil, divorciado, pretendente ao matrimônio na Igreja. Disponível em < http://paroquiavirtualfreiivo.blogspot.com.br/2012/09/casado-no-civil-divorciado-pretendente.html > Acesso em 25 set 2012.

PIO XII. Discorso al Tribunale della Sacra Romana Rota, 1946. Disponível em <http://www.vatican.va/holy_father/pius_xii/speeches/1946/documents/hf_p-xii_spe_19461006_roman-rota_it.html> Acesso em: 10 jul. 2012.

ROMAN, Ernesto N.. Nulidade matrimonial: como saber se o casamento religioso foi nulo e como pedir à Igreja a declaração de nulidade. São Paulo: Paulus, 1999.

SALVADOR, Carlos Corral; EMBIL, José M. Urteaga Embil. *Dicionário de direito canônico*. São Paulo: Loyola, 1993.

SOCIEDADE BRASILEIRA DOS CANONISTAS. Requerimento do decreto executório para homologação ao Supremo Tribunal da Assinatura Apostólica. Disponível em <http://infosbc.org.br/portal/index.php?option=com_content&view=article&id=2020:requerimento-do-decreto-executorio-para-homologacao-ao-supremo-tribunal-da-assinatura-apostolica&catid=143:acordo-santa-se-brasil&Itemid=112> Acesso em 08 jul. 2012.

ZYGALA, Jacek. La “sanatio in radice” en el matrimonio. Naturaleza y perspectivas. Cuadernos doctorales. Derecho canónico, derecho eclésiastico del Estado: excerpta e dissertationibus in iure canonico, 2006, n. 21, p.77-186. Disponível em <http://dspace.unav.es/dspace/handle/10171/6700> Acesso em 10 set. 2012.

FSC
www.fsc.org
MIX
Papier | Fördert gute Waldnutzung
FSC® C083411

Kolibri 360 GmbH
Ferdinand-Jühlke-Straße 7
99095 Erfurt, Deutschland
produktsicherheit@kolibri360.de

Druck:
CPI Druckdienstleistungen GmbH
im Auftrag der
Kolibri 360 GmbH
Ferdinand-Jühlke-Str. 7
99095 Erfurt